たった5回！

腹筋

「骨盤クランチ」で下半身からヤセる！

シンメトリーエクササイズの驚くべき秘密

Masayuki Nagai
永井正之

青春出版社

はじめに

1日5回。絶対にそれ以上やらないでください。

シンメトリーエクササイズは、私が長年行ってきたトップモデルやトップアスリートへのパーソナルトレーニングをベースに作られたものです。

モデルは美しいプロポーションを維持するため。アスリートは競技力向上《パフォーマンスアップ》を目的にトレーニングを行います。それぞれ目的は異なりますが、やらなくてはいけないことは、ただ一つ。シンメトリーな身体《からだ》を手に入れることです。シンメトリーな身体は、見た目に美しく、機能的にも優れているのです。では、どうしたらシンメトリーな身体を手に入れることができるのでしょう？

腰のくびれが欲しい！ そう思ったとき、真っ先に思いつくエクササイズと言ったら？ そう、腹筋ですね。ここに重大な落とし穴があります。シェイプアップしたいがゆえに、きつい腹筋を何回も行うと、だんだん身体をくねらせながら起き上がってきます。これは、力が入りやすい側《がわ》の腹筋を多く使っている証拠。身体の歪《ゆが》みは、こうした筋力の左右差から生まれます。いま、あなたが行っている腹筋では、やればやるほど身体が歪んでしまうのです。

筋肉を鍛えるわけではなく、使っていない筋肉を使えるようにする。そうすることで、筋力の左右差をなくし、身体の歪みを改善する。これがシンメトリーエクササイズの目的です。使っていなかった筋肉に、意識を集中してトレーニングを行うため、回数は5回でOK。というより、それ以上やってはいけません。トレーニングは「量」より「質」が大切なのです。理由は……この先の本編をご覧ください。

自分の身体を知れば知るほど、美しいプロポーションに近づけば近づくほどエクササイズは楽しくなります。日々の効果を実感しながら、「楽しく」行いましょう!!

たった5回！「骨盤クランチ《腹筋》」で下半身からヤセる！　もくじ

Chapter 2

1日5回でキレイにヤセる！「骨盤クランチ《腹筋》」驚きの方法　19

Chapter 3

なぜ「骨盤クランチ《腹筋》」で、下半身からヤセられるのか？　33

プロローグ

あなたがヤセないのは、"骨盤のバランス"が原因だった！

何度もダイエットに挑戦したのにやせない！　その原因は"やせる身体《からだ》"になっていないまま、ダイエットに取り組んでいる、というところにあります。

カギは「骨盤」です。骨盤のバランスが整っていること、それが効率よくやせる身体をつくり、ダイエットを成功に導くのです。

「骨盤のバランス」っていったい何？

骨盤のバランスが悪いと体が歪みます！

骨盤は上半身と下半身をつなぐ重要なパーツ。わたしたちの身体は、長いあいだ続けてきた生活習慣やクセなどによって、左右どちらかに歪んでいるものですが、その歪みを引き起こしているのが、骨盤バランスの崩れなのです。

　バランスが整った骨盤はシンメトリーな状態を保っています。背骨も真っすぐですし、背骨につながる関節も筋肉も左右均等に使われます。

　ところが、骨盤のバランスが崩れると、関節の動きに左右差が生まれ、筋肉の使われ方も左右で違ってきます。その結果、身体が歪むということになるのです。この歪みが〝太る〟根本原因です。歪みを正さなければ、いくらダイエットにトライしても、成功は望めないのです。まず、歪みのもとである骨盤のバランスを整える。すべてのカギはそこにあります。

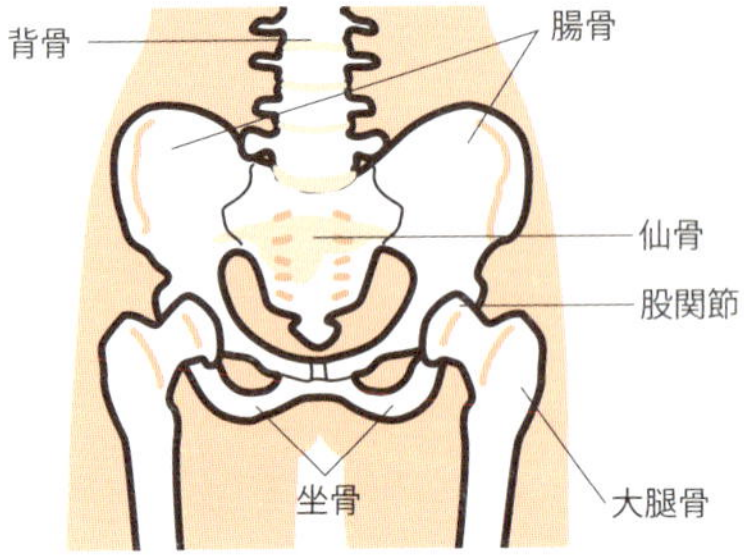

a 骨盤のバランスがよいと・・・

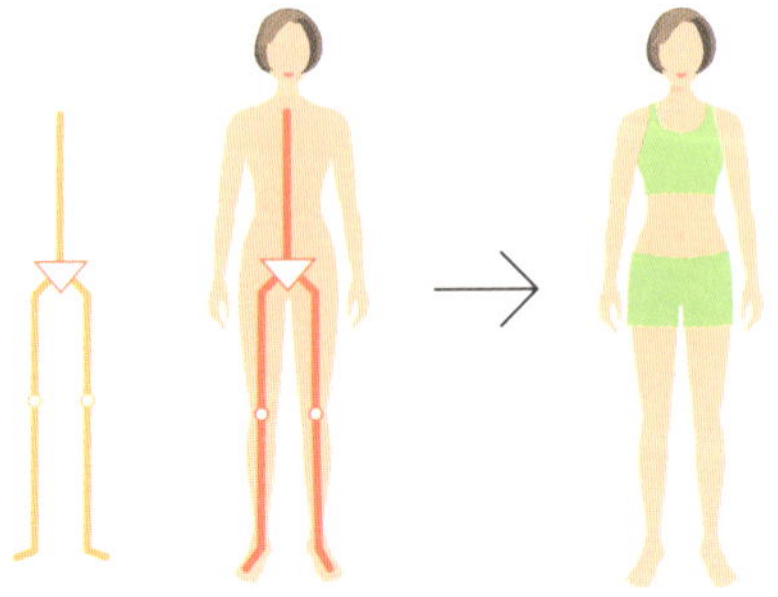

b 骨盤のバランスが悪いと・・・

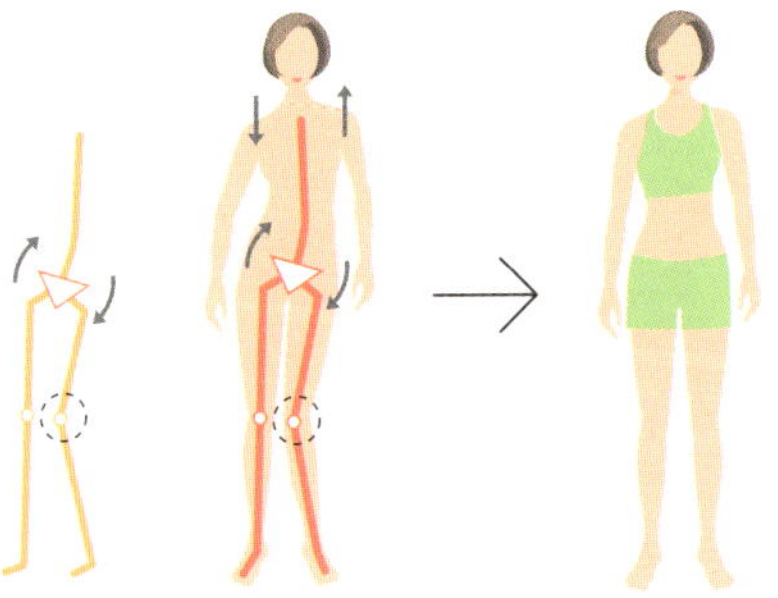

骨盤がシンメトリーじゃないと背骨が曲がる！

「針植え」を骨盤、花の茎を背骨に例えて説明します

骨盤と背骨の関係は、鉢植えのひまわりを思い浮かべていただくとわかりやすいと思います。太陽に向かって茎を伸ばすひまわりは、プランター（鉢）が水平の状態であれば、真っすぐ上に伸びていきます。水平のプランターに対して茎は垂直になります。

しかし、プランターが傾いていたらどうでしょう。茎はそれでも太陽に向かって伸びますから、プランターに対して茎は垂直にならず、歪むわけです。

骨盤がシンメトリーだと・・・

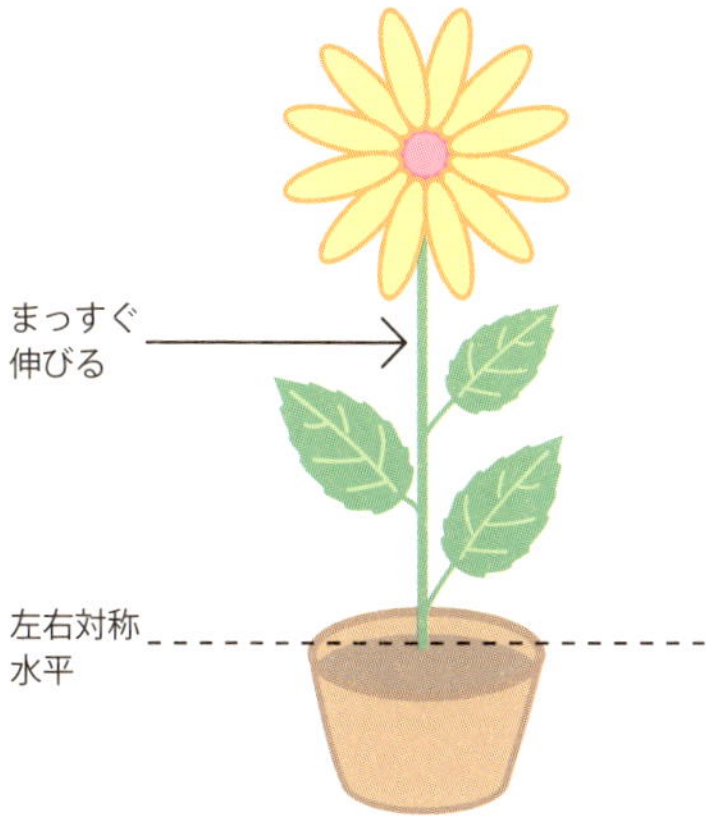

これがわたしたちの身体が抱えている歪み。プランターは骨盤、茎は背骨です。骨盤が水平でなければ、必然的に背骨は歪み、それが身体全体の歪みをつくりだすのです。人の身体はひまわりとプランターの関係よりもっと複雑です。生活習慣の不規則さなどが骨盤と背骨を歪めあっているのです。そうした歪みを解消するには、まず、土台である骨盤を水平の状態に戻すしかありません。これが基本です。

骨盤がシンメトリーじゃないと・・・

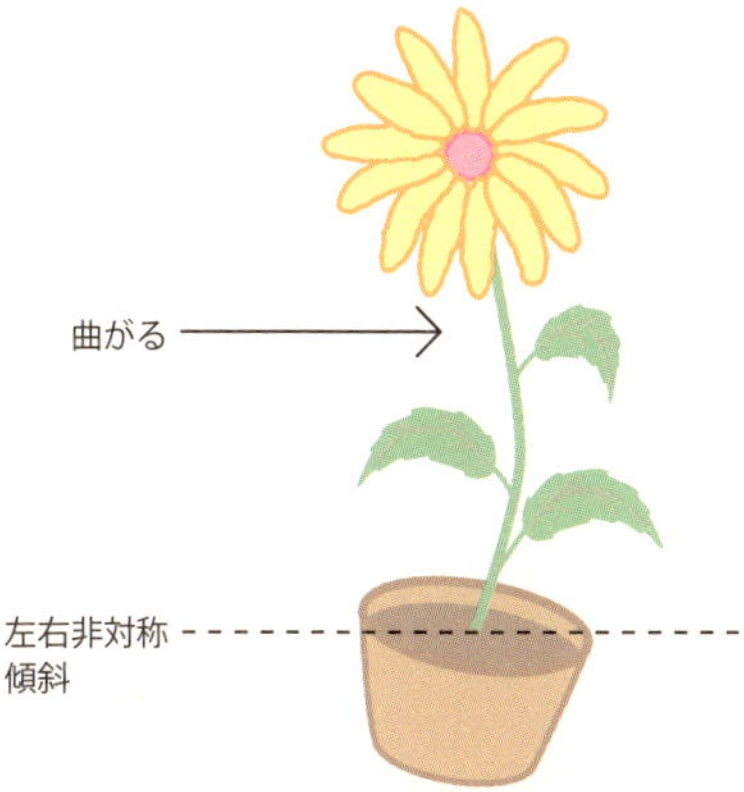

なぜ骨盤のバランスがくずれるのか？

それは骨盤をシンメトリーにさせる筋肉がゆるんでいるから──。

後ろからみた
「梨状筋」と「中殿筋」

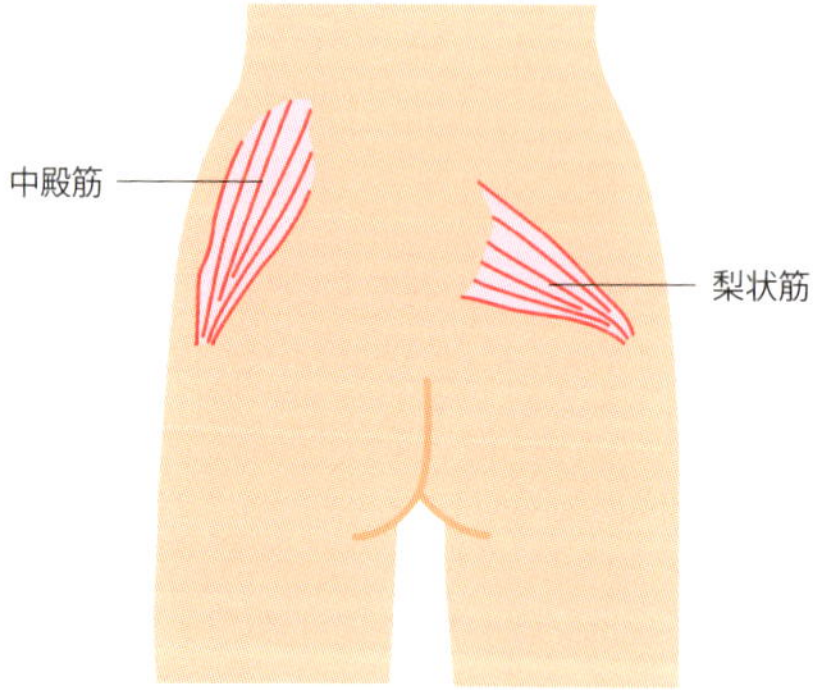

横からみた
「梨状筋」と「中殿筋」

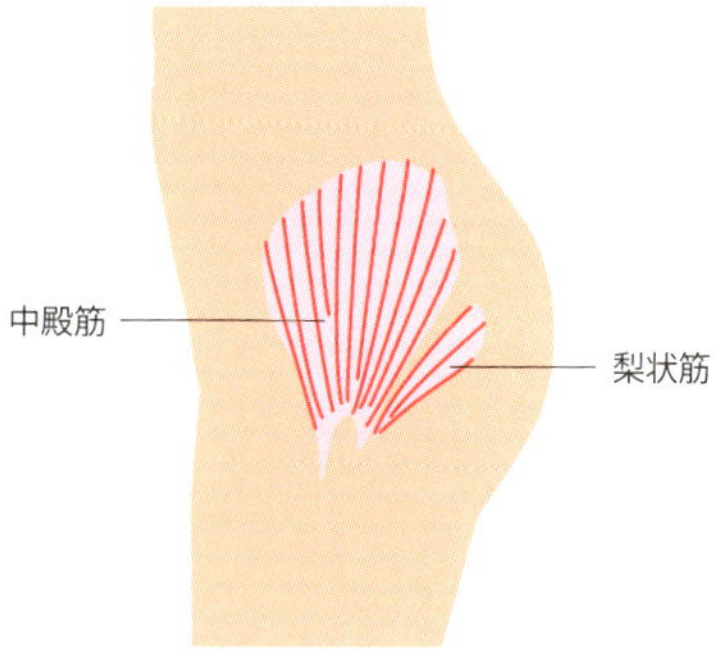

　骨盤のバランスの崩れに大きくかかわっているのが、2つの筋肉です。お尻の部分にある「梨状筋《りじょうきん》」と「中殿筋《ちゅうでんきん》」がそれ。お尻の中心部の深いところにある梨状筋は、股関節を外側に回す働きをしています。左右の梨状筋が同じように働けば、骨盤もバランスが保たれ、股関節の動きも左右対称になりますが、働きに左右差がでると、股関節の動きにも、骨盤のバランスにも狂いが生じます。

　一方、骨盤の両サイドにある中殿筋は、骨盤を水平にする働きをしています。これも左右対称に働くことが重要。左右差は水平状態のくずれにつながるからです。つまり、骨盤のバランスを正すには、この2つの筋肉に目を向けることが大切なのです。

　ただし、骨盤が上半身とつながっているということにも目を向けなければなりません。骨と骨をつなぐ関節が連結されているように、筋肉もまた連動して動いているからです。体を芯から整えるには「腹筋」も重要な役割を果たしているのです。

これらを整え身体を芯から変えるのが「骨盤クランチ」

Chapter 1

まずは一番重要なココをチェック！あなたの骨盤はシンメトリーですか？

骨盤のバランスがくずれ、シンメトリー（左右対称）になっていないと、身体に歪みが生じます。歪みは関節の動きを制限し、筋肉の動きを悪くします。脂肪が溜まる原因がこれ。歪みを正さないかぎり、脂肪はいつまでもついたままです。さぁ、あなたの身体のどこに歪みが起きているのか、まず、それをチェックしましょう。

Check 1 中殿筋の強弱をチェック！

片脚立ち

あなたの骨盤は水平ですか？
まずは簡単な方法でチェックしてみましょう！

片脚を上げて立つときは、体の中心線を意識します。体の中心がブレてしまうと、骨盤の歪みの正しい判断ができません。片脚を上げる前に、"気をつけの姿勢"を鏡の前でしっかりと確認してからおこなってください。

□ 片脚で立つ

気をつけの姿勢をとります。全身の力はスッと抜いておき、目線はまっすぐ前。その状態から片方の脚のひざを「うしろ」に曲げ、片脚立ちの姿勢になります。このとき両手でバランスをとったりしないことがポイント。

「片脚立ち」はお尻の外側にある中殿筋の左右差をチェックする方法です。片脚ずつひざをうしろに曲げて立ってみて、どちら側の脚が立ちやすいか、立ちにくいかを確認します。立ちにくいと感じたら、中殿筋が弱いという証。片脚立ちをしてグラつくようであれば、その側が弱いと判断することもできます。

立ちにくい脚の中殿筋が弱いです！

横から見ると・・・

× 間違い

脚を上げるというと、「前」に上げることをイメージするかもしれません。写真がそのケースですが、これは間違い。太腿（ふともも）の筋肉を使ってしまうことになりますから、これも正しい判断にはならないので要注意です。

立ち姿勢に力が入りすぎると胸を張ったり、出っ尻になったりして骨盤の位置が前後してしまい、これも正しい判断ができません。姿勢の基本は“リラックス”。ひざの角度はほぼ90度に。足首は伸ばさないようにしましょう。

Check 2

梨状筋の硬さをチェック！

横座り

骨盤のねじれと股関節の柔軟性をチェックしてみましょう！

□ 脚を横に出して座ります

左右のお尻が床にぺたりとつき、上体がまっすぐであれば、骨盤のバランスに左右差はありません。写真のようにひざも浮かず、両側とも床に着いています。腰に手を当てるとその状態がつくりやすくなります。次に左右の脚を換えておこなってみましょう。

骨盤のバランスをとるために重要なはたらきをしているもうひとつの筋肉が梨状筋です。「横座り」はその梨状筋の硬さをチェックする方法。座り方のポイントを押さえて、外側に出した脚が左右どちらの場合、“座りにくさ”を感じるかチェックしてください。上体が傾く、座ったときにお尻が床に着かないといったことが左右差を見るポイントです。

座りにくい脚の梨状筋が硬くなっています！

上から見ると・・・

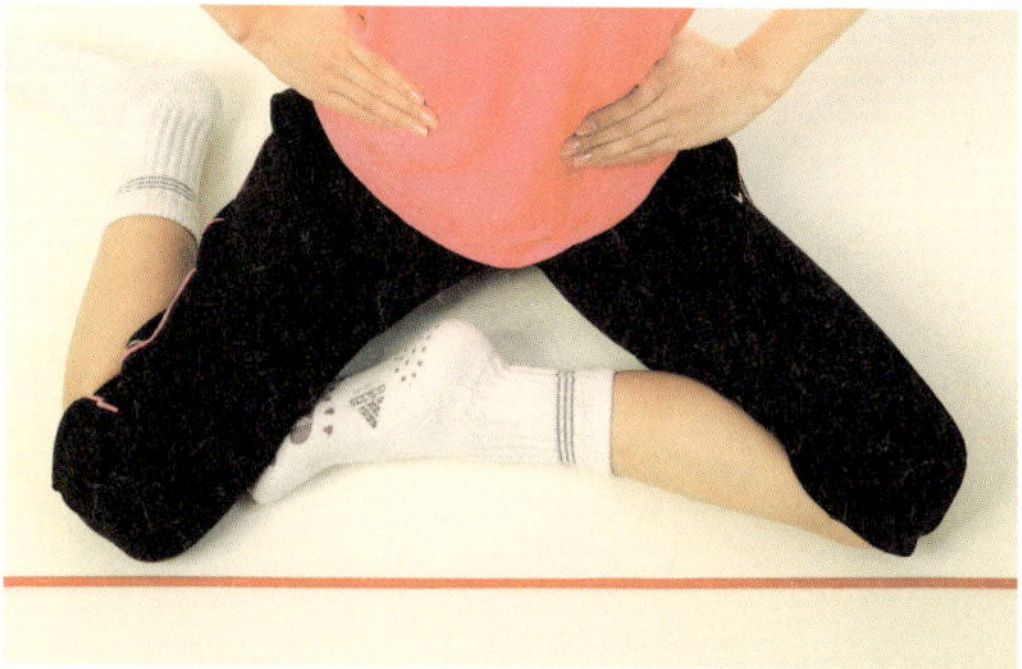

横座りのポイントは2つ。ひとつはひざ頭をそろえることです。畳の縁などを目印にするといいでしょう。もうひとつのポイントは、足裏を太腿（ふともも）にピタリとつけること。できるだけひざ頭のラインにそろえましょう。

梨状筋が硬いと・・・

梨状筋が硬くなっていると、お尻の左右どちらかが浮いてしまいます。浮いた状態を建て直そうとすると、体が傾きます。上体が右側に倒れるこの写真では、右側の梨状筋が硬くなっていることを示しています。

Check 3

骨盤のバランスをチェック！

レッグランジ

骨盤を中心とした体幹と
下半身のバランスをチェックします

2

前に出す脚の歩幅は50センチくらい。鏡や足元を見ずに、足を「まっすぐ」に出してみてください。実際の「まっすぐ」とのズレが、チェックのポイントとなります。

1

フローリングの板目や畳の縁などを目印にして、そのラインをまたぐように、脚をそろえて立ちます。腰に手を当て、足元を見ずに、目線はまっすぐ前におきます。この姿勢から脚をスッと前に出します。

不安定な脚の腹筋と中殿筋の連動が悪くなっています！

「レッグランジ」では、中殿筋と腿《もも》の筋力、腹筋など「体幹」のバランスをチェックします。中心となるラインを決め、まず最初は鏡を見ずにおこなってみてください。ポイントはひざとつま先の向き、中心ラインからのズレの大きさです。中殿筋が弱く、体の中心がズレていると、どちらかの脚が正しい動き方をしません。

前から見ると・・・

骨盤がほぼシンメトリーであれば、前に出した脚は中心線のラインに沿って着地します。ひざ頭とつま先の角度も平行です。ラインから大きくズレることもありません。

✕ ダメな例

体幹のバランスが悪く、中殿筋が弱くなっていると、写真のように踏み出した足が外側にステップし、ひざが内側に入り、つま先が外に向いてしまいます。

3

脚を前に出した姿勢から、そのまま腰を落とします。ひざがほぼ 90 度に曲がるくらいまで落としていきましょう。そのさい、目線をまっすぐ前からずらさないようにして、上体が前に傾かないことを心がけてください。次に左右の脚を換えて 1〜3の順でチェックしてみてください。

鏡でセルフチェック

鏡に立ち姿を映すだけでも歪みはわかります！

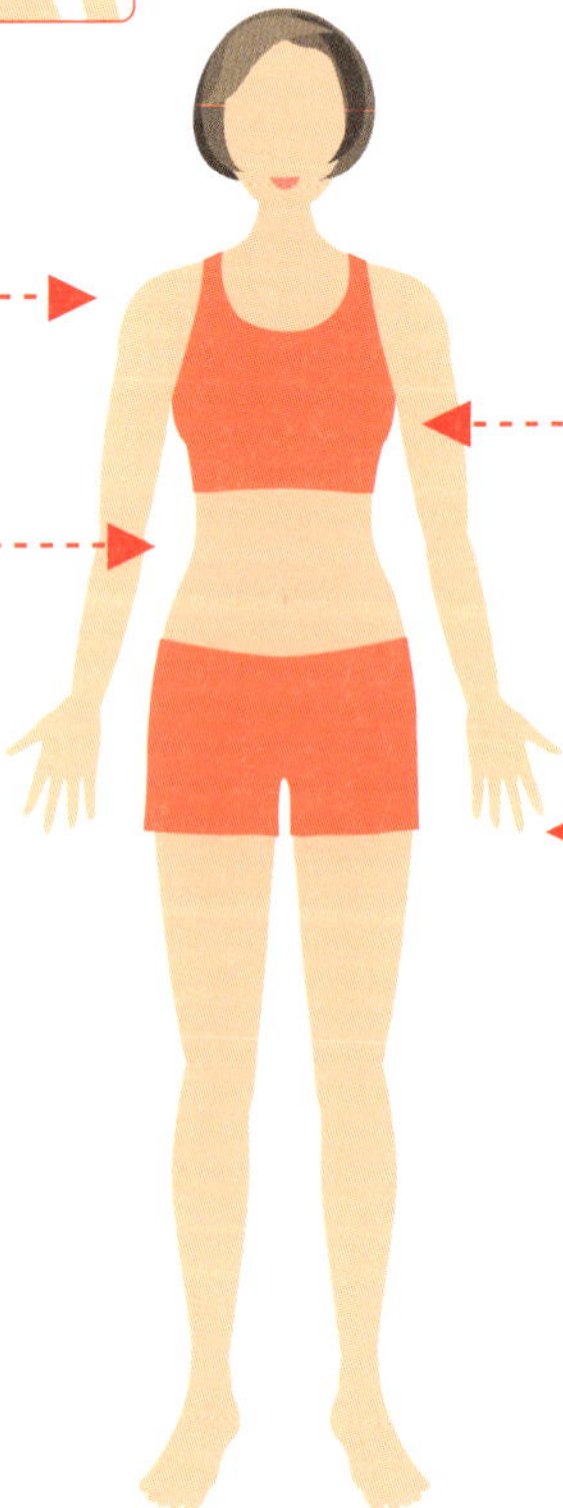

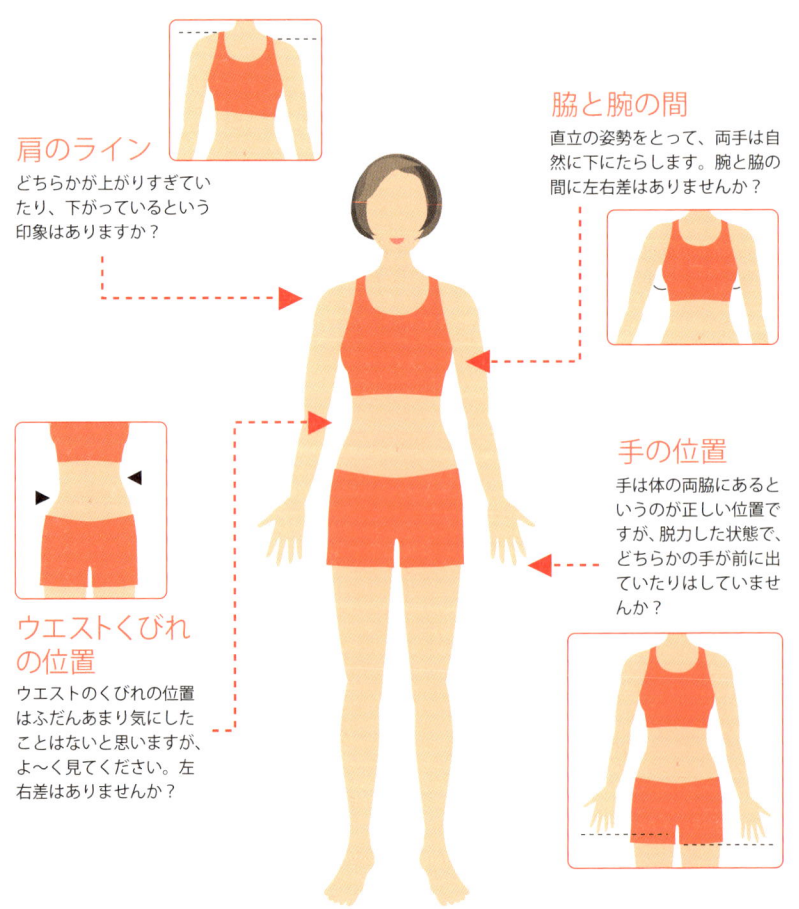

肩のライン

どちらかが上がりすぎていたり、下がっているという印象はありますか？

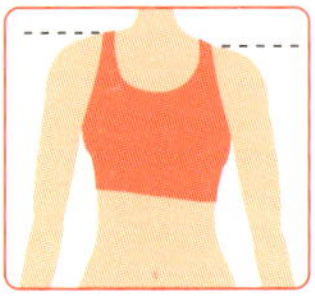

脇と腕の間

直立の姿勢をとって、両手は自然に下にたらします。腕と脇の間に左右差はありませんか？

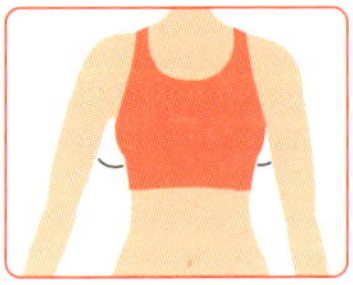

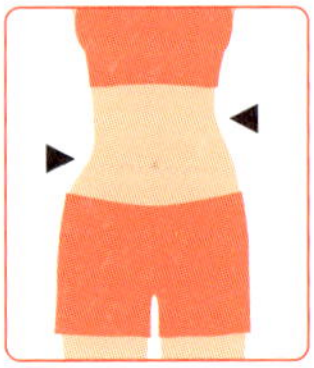

ウエストくびれの位置

ウエストのくびれの位置はふだんあまり気にしたことはないと思いますが、よ～く見てください。左右差はありませんか？

手の位置

手は体の両脇にあるというのが正しい位置ですが、脱力した状態で、どちらかの手が前に出ていたりはしていませんか？

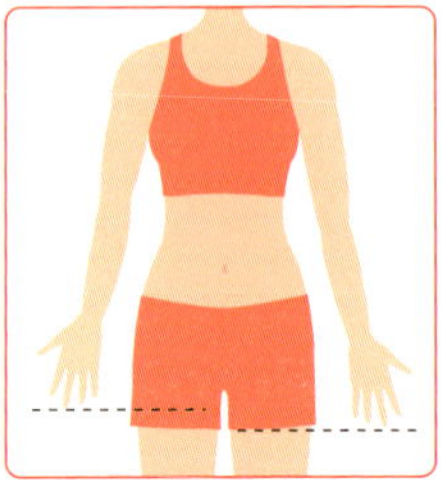

身体の歪みは、鏡で確認することができます。肩のラインは水平か、全身リラックスして両手をたらしたときに腕と脇の隙間に左右差はないか、手の位置にズレはないかをチェック。ウエストのくびれの左右差は、お風呂に入るときに裸で確認するとわかりやすいでしょう。エクササイズをやる前と後でその違いを確認してください。

Chapter 2

1日5回でキレイにヤセる！「骨盤クランチ《腹筋》」驚きの方法

骨盤をシンメトリーに保つために重要な役割を担っているのが、お尻の部分にある「梨状筋《りじょうきん》」「中殿筋《ちゅうでんきん》」という2つの筋肉です。 2つの筋肉が左右対称に働いていれば、骨盤はシンメトリーに保たれ、身体の歪みも解消。どんどん脂肪が燃える身体に生まれ変わります。それを実現するのが「骨盤クランチ」。早速トライしてみましょう。

準備 01

梨状筋をシンメトリーに整える

梨《り》状《じょう》筋《きん》ストレッチ

骨盤のねじれと股関節を整えます

□ 脚が「ハ」の字になるように

両手をお尻の後方におき、ひざを立てます。腿からひざ頭までピタリとあわせ、ひざから下が「ハ」の字になるように。床に着く足は外側を上げて、少しずつ開いていき、左右差を感じたそのポイントでとめて30秒間キープ。

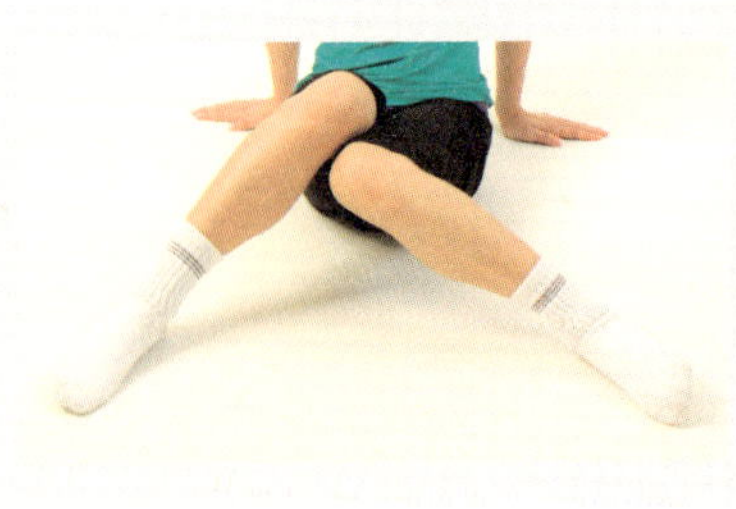

× NG

「ハ」の字に開いていくとひざ頭がずれてしまうことがありますが、これはNG。腿からひざ頭までは“ピタリ”とあわせ、「ハ」の字は左右対称にするのがポイントです。「硬いな」と感じた側の脚にあわせましょう。

梨状筋《りじょうきん》ストレッチのポイントは、「ハ」の字に開く脚の角度を左右対称にし、硬いと感じる側の脚の角度に合わせることです。左右差をなくすためのストレッチですから、ここは重要ポイント。ひざや股関節に痛みを感じる場合は、梨状筋ストレッチはいったんやめ、中殿筋のトレーニングを先におこない、もう一度トライしましょう。

横から見ると・・・

上体に角度をつけることによって梨状筋の伸び方はより大きくなります。手の位置をうしろにずらし、上体をもう少しうしろに倒して同様におこなってみましょう。脚のつけ根裏側が伸びていることを確認してください。

さらに強化したい人は

梨状筋の柔軟性をさらにアップするには、上体を完全に倒してしまいます。脚のつけ根の裏側に意識を集中して、気持ちいいと感じるところでとめましょう。

準備 02　中殿筋をシンメトリーに整える

中《ちゅう》殿《でん》筋《きん》トレーニング

骨盤を水平にすることが
すべてのエクササイズの基本です

床にまっすぐのラインを決めてください。そのライン上に横向きに寝ます。お尻の位置をライン上に決めると、上半身下半身がまっすぐになるはず。下になる手は頭に当て、上の手は胸の辺り、体に沿うようにおきます。

足首を立て、踵から上に脚を上げます。椅子の高さくらい（40～50センチ）が目安。1、2で上げて、3、4で下ろすリズム。ゆっくり5回くり返し、最後に脚を上げたときに足首を細かく早く10回揺らします。

弱った中殿筋《ちゅうでんきん》を鍛えるエクササイズです。キーワードは“まっすぐ”。体をまっすぐにし、上げる脚もまっすぐ真上に。カギを握っているのは「踵」です。ひざをまっすぐに伸ばし、上げた脚をまっすぐに保つのも踵への意識から。踵から上げ、「お尻の筋肉を使っている」感じを実感しながらおこないましょう。

上から見ると・・・

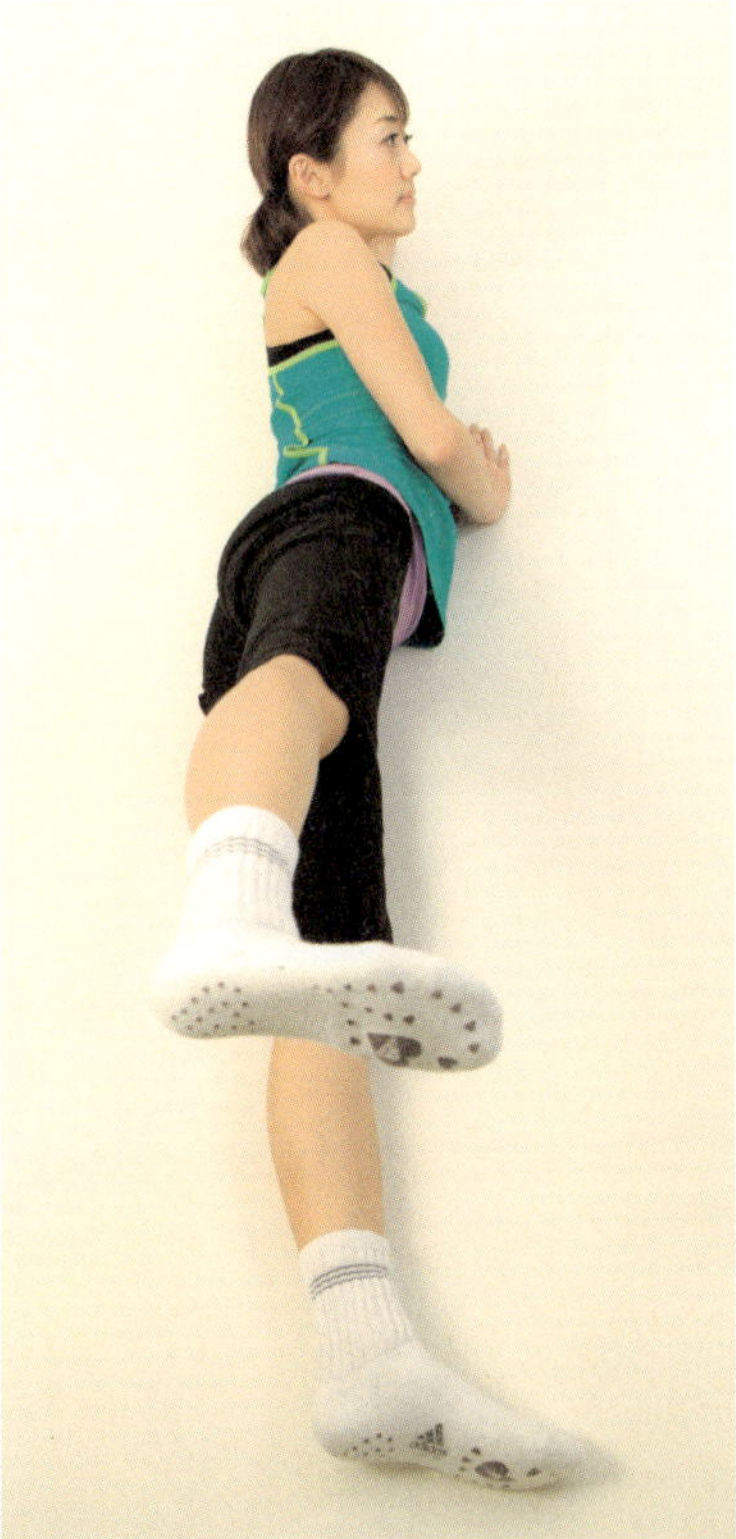

脚をまっすぐ上に上げるには、足首を立て、踵から上げることを意識することがポイント。自然とひざが伸び、ブレがなくなります。脚を“うしろ側に上げる”ことを意識するとよりまっすぐがキープできます。

× NG

上げた脚が体の中心から前に出ると、使われる筋肉は中殿筋ではなく、腿前面の筋肉になってしまいます。これは腿を太くする筋肉ですから、せっかくのエクササイズが台無し。あくまで“まっすぐ”を意識しましょう。

準備 03

背骨をほぐして代謝をUP！

深呼吸

背骨を動かすと一気に代謝が上がり、脂肪を燃焼しやすい体になります

1

仰向けに寝て、ひざを立てます。脚幅の開き具合にルールはありません。広くても狭くても、気持ちいい感じで開き、つま先の向きはそろえます。両手は水平に開いて、全身をリラックスさせてください。

深呼吸がそのまま効果につながるのがこのエクササイズの特徴です。背中を反らして大きく息を吸い、背中を丸める意識で深く息を吐くことで、骨盤につながる背筋と腹筋、とくに左右の腹斜筋の正しい使い方を体感することができます。1、2、3、4のリズムで息を吸い、同じリズムで吐ききります。吸って吐いてをゆっくり5回おこないましょう。

2

1の姿勢から深呼吸をします。ポイントは背中を反らすこと。みぞおちを上から引っ張られるようなイメージで息を吸います。肩をすくめる動作はNG。胸を開くように息を吸いましょう。

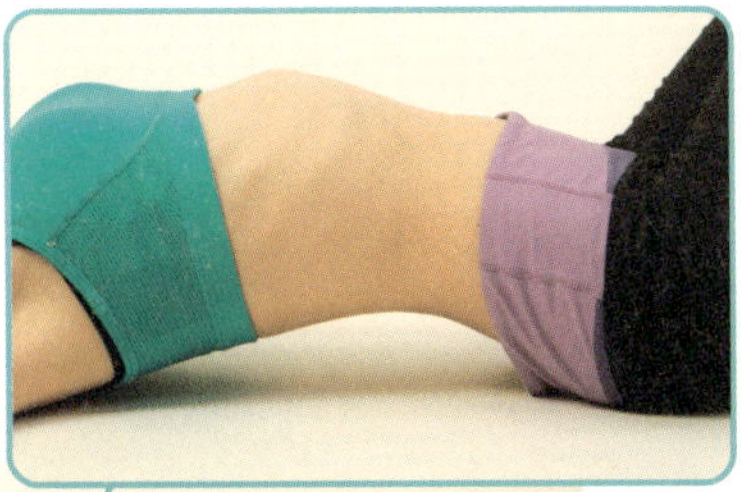

3

息を吐くときは、背中を反ったときとは反対に、背中を丸める意識でおこないます。腰を床に押しつけながらおなかを引っ込めます。お尻は多少浮いてもかまいませんが、肩のラインは動かさないようにしてください。

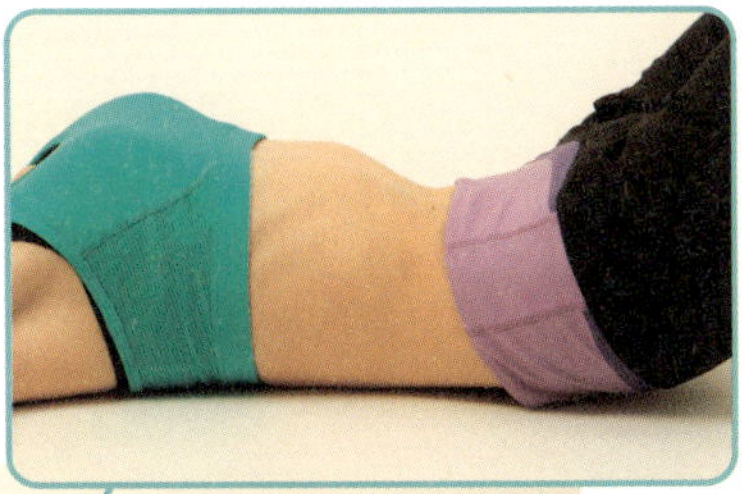

骨盤クランチ《腹筋》1
［ゴロ寝バージョン］

腹直筋と腹斜筋を同時に効率よく鍛える
ハイブリット腹筋！

1

ひざを立てて床に座ります。脚はやや開き気味に。親指と親指を組んで両手を指先までスッと伸ばします。ポイントは親指の組み方。まず組みやすいほうで組み、組みにくいほうに組み替える。これがスタートポジションです。

「骨盤クランチ」の最大の特徴は、腹筋の働きを最大限に高めることです。腕の筋肉や太腿の筋肉を使ってしまう通常の腹筋とは、そこが違います。親指と親指を組んでひざ方向にまっすぐに伸ばすエクササイズの注意点は、体のねじれをとるための大きなポイント。最初は無理せず、バスタオルなどを腰の部分に置いてやってみましょう。

2 伸ばした両手が床と平行になっていることを意識して、ひざとひざの間にしっかりと指先を残しながら、まっすぐに、リズムはゆっくりと、10 秒くらいかけて徐々に上体を倒していきます。倒せるところまで倒し、5 秒ほどかけて上体を戻します。

さらに強化したい人は

上体を床まで倒せる方は、肩甲骨が床に着いたら、頭はつけずにそのまま 5 秒ほどかけて戻ります。難しいようであれば、腰にバスタオルを当て、つぶれたところで戻る。これなら比較的簡単です。戻るときも伸ばした両手はピンと張ってください。

腹筋

骨盤クランチ2

［ゴロ寝バージョン］

弱点を克服！ 腹斜筋をピンポイントで鍛えます！

1

仰向けに寝て、ひざを立てます。目線はまっすぐ天井に向け、両手はおなかの上に重ねておきます。おなかの上においた手で、まだ力を入れていない“腹筋”の状態を確認しておいてください。

2

写真のように立てたひざを右側だけ倒します。まずは、左側の腹斜筋のトレーニングをおこなってみましょう。左右どちらからはじめるかは、一連のエクササイズの重要なポイントです。次回からは、やりやすかった側からはじめてみてください。

■

骨盤と連携して身体の歪みに大きく関連しているのは、ウエスト辺りの左右にある腹斜筋。このエクササイズはピンポイントで腹斜筋を鍛えます。もちろん左右差をなくすことが第一の目的です。目線は天井に向けたまま、おへそを見ないことがポイント。慣れてきたら、あばら骨が浮き出るくらいまでおなかを引っ込めると効果的です。

3

写真のように右脚を倒したら、頭のうしろにおく手は左、左腹斜筋は右手で触るようにします。

4

体勢が決まったら、左ひじを左ひざに近づける意識で起き上がり、肩甲骨が床から離れたところで 1、2、3。ゆっくり体をもとに戻し、これを 5 回。同じように反対側も 2→4 の手順でおこないます。

骨盤クランチ3

腹筋《ふっきん》

[立ちバージョン]

腹筋は最終的に立った状態で使わないと
意味がありません

1

脚を肩幅に開き、ひざは軽く曲げて腰（骨盤）に両手をおきます。これがエクササイズのスタートポジション。目線はまっすぐ前においてください。全身を鏡に映して、姿勢を確認しながらおこなうといいでしょう。

これまで寝ておこなうバージョンで腹斜筋のエクササイズをおこなってきましたが、最終的には、重力がかかった“立った姿勢”でおこなうのが効果的なやり方です。寝ておこなった骨盤クランチで、その感覚を修得したら、時間をおかずに必ず立っておこなうこと。このフィードバックが、じつはとても大切なのです。

2

次に24ページの「深呼吸」で、寝ておこなった“背中を反らす”やり方を思い浮かべてください。同じ意識で、立ったまま背中を反らします。ひじをうしろに引き、お尻を突き出す。この感覚をしっかりとイメージしましょう。

3

2の体勢からは一連の動きとイメージしてください。ひじを前に移動しながら、お尻を締めて骨盤（恥骨）を前に突き出し、おなかを思いっきり引っ込めながら背中を丸める。目線は下になりますが、頭の高さは変えないことがポイントです。

なぜ普通の腹筋運動ではヤセないのか？

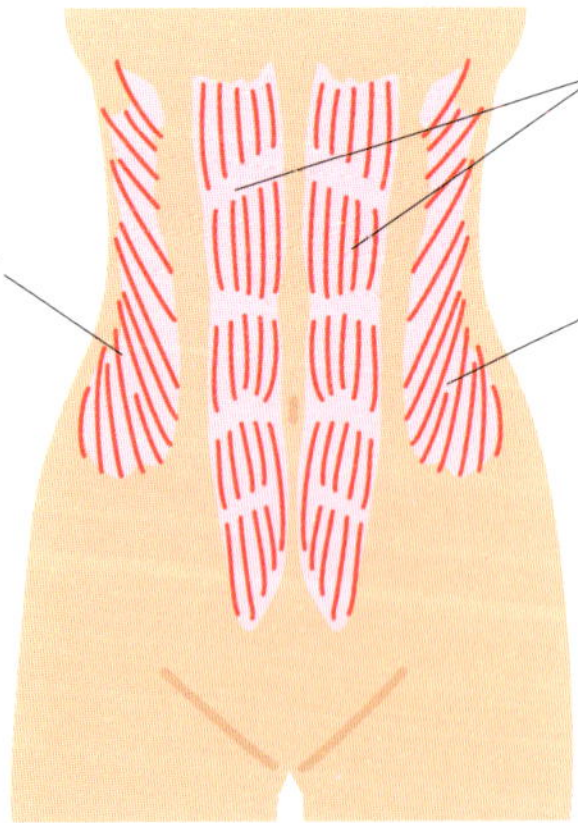

左右にある「腹斜筋」が動かなければヤセません！

「おなかをへこませたい」といえば、腹筋運動ですが、一般におこなわれている運動では、やせることは不可能です。理由をお話しする前に、腹筋がどんな働きをしているか説明しておきましょう。

体の中心には骨盤という四角いボックスがあります。その上に胸郭（あばら骨）というもうひとつのボックスがあり、肩甲骨ともつながっていて、上半身を構成しているわけです。この2つのボックスが同じ方向を向いているのが、身体に歪みがない状態です。そして、同じ方向を向くようにはたらいているのが、2つのボックスをつないでいる腹筋です。

腹筋は、おおまかに中央にある腹直筋と左右の腹斜筋で構成されています。「腹筋が割れている」というときの腹筋は腹直筋をさします。一般の腹筋運動は、主にこの腹直筋に働きかけるものです。

ところが、身体を歪みがない状態に保つための〝主力〟は腹斜筋なのです。歪みのない身体は、腹斜筋が左右対称に働いています。ですから、歪みを正すには左右の腹斜筋を同じように使うエクササイズが必要になります。腹直筋のエクササイズをいくらやっても、歪みを正す効果はないのです。

歪みを正さなければ、脂肪の燃焼効率は高まりません。つまり、一般の腹筋エクササイズでは「やせてすっきり」は実現しないのです。

Chapter 3

なぜ「骨盤クランチ《腹筋》」で下半身からヤセられるのか？

ダイエットでは実践が大切ですが、同時に「なぜ、やせるのか？」という根拠をきちんと知っておくことも必要です。それがあるからこそ、自信を持って、しかも楽しく取り組むことができるのです。もちろん、〝なぜ〟を理解することで、エクササイズの勘所、ポイントもわかってきます。ここではその〝なぜ〟に明快に答えます。

「身体《からだ》の歪み」が太る原因をつくっている

「身体が歪む」とはどういうことか

ほっそりスリムなモデル体型。だれでも憧れますよね。そしていざダイエットにトライする。甘いものを控えたり、カロリーを制限したり、ときにはジムに通ってみたり、ジョギングを始めたり……。

その努力を否定するつもりはありません。でも、食事制限やいきなり運動を始めるその前に、「身体の歪み」に目を向けてみてほしい。わたしは常々、そう感じています。なぜなら、身体の歪みを正す、つまり、骨盤をシンメトリーに保つことが、ダイエットを効率よく成功させる最大の〝秘策〟だからです。

「身体の歪みを正してやせる？　イマイチ、イメージしにくいな～」

ほとんどの人はそう感じていることでしょう。たしかに、日常的に歪みを感じることはあまりないと思いますし、身体が歪むということそれ自体、なんだか抽象的なニュアンスがあります。まして、「歪み」と「太る」ことがイコールに結びつかないのは、当然といえば当然です。しかし、これにはきちっとした理論があります。説明していきましょう。

まず、質問です。わたしたちの体にはいくつの関節があると思いますか?

「ひじ、ひざ、肩、股関節や、指にはいくつもの関節があるけど……」

いえいえ、人の体は「骨」と「骨」の連携で成り立っていることを忘れてはなりません。骨が連なっているところはすべて関節。肩甲骨も関節ですし、骨盤も、背骨の一つ一つも関節です。足首から先だけでも片側約20個もの関節があります。

これらの関節の連なりによって、わたしたちは体を動かし、立って歩くという行為ができています。背骨を中心(正中線)に左右同じ数の関節が、わたしたちの身体の土台をつくり、機能させています。つまり、体の骨格は本来、シンメトリーにつくられているということです。

ところが、わたしたちはふだん、左側と右側の関節を同じように動かしているわけではありません。もっとも顕著な例でいえば、右利きか、左利きかの違いがあります。ペンを持ったり、お箸を使ったり。テニスのラケットを持ってボールを打つのが右手なら、当然、関節の使用頻度は右側が多くなります。

歩き出しの1歩にしても、そうです。あまり意識することはないと思いますが、最初に踏み出す足はどちら側ですか？

「そういえば、わたしはいつも左足から……かな？」

たかが1歩、されど1歩です。1日の数歩が年月を積み重ねれば重ねるほど歪みとなり、左右差は確実にあらわれてくるのです。

さて、あなたは腕を組むとき、どちらの腕を上にしていますか？ 脚を組むときは？ 背後から声をかけられたとき、振り返る方向は右側から？ それとも左側？

おそらく無意識に、右か左かを選択しているはずですよね。それが自分にとって無理のない、ラクな態勢だからです。簡単にいってしまえば、この左右差が、すなわち、「身体の歪み」です。

「関節」と「筋肉」が動かないところに脂肪はどんどん溜まる

わたしたちは日常的に、気づかないうちに歪みを体にため込んでいます。たとえば、1日中デスクワークをしているといったケースでは、ずっと椅子に座った姿勢でいるわけですから、腰回りの関節の動きはきわめて制限されます。バッグを肩にかける側がいつも同じといった場合も、関節の動きの制限につながります。

では、関節の動きが悪くなってどういうことが起こっているか。

「関節を支えて動かしているのは筋肉だから、筋肉もいっしょに動きが悪くなっているということ？」

その通りです。筋肉は緩む筋肉と収縮する筋肉が対になって関節を動かしていますが、関節の動きが停滞してくれば、当然のようにその周辺の筋肉の動きも鈍り、硬くなってしまうのです。左右で関節の動きに違いがあると、筋肉の使い方にもアンバランスが生じてくるというわけです。

ここで18ページの「鏡でセルフチェック」にページを戻してみてください。身体が歪んでいることがいちばん顕著にあらわれるのは肩の高さです。ウエストの左右の高さも、おそらく違っているはずです。直立して力を入れずに両手をたらしてみたときの手の高さがずれていたり、腕と脇のあき具合が左右で微妙に違っていることにも気づくでしょう。脚の太さも左右で異なってはいませんか？　気になる腰回り、どちらかのサイドが強く張り出してはいませんか？

これらの歪みはすべて、関節の動きが停滞して、筋肉の動きも硬く鈍っているという証です。さて、ここからが本題。じつは、動かないところにどんどん溜まっていくものがあります。それが「脂肪」です。脂肪は水溜まりのようなもの。わたしはよくこんな表現を使いますが、まさにその通りなのです。脂肪は動きのないところにどんよりと溜まり、動かさないかぎり停滞しつづけるのです。

「ダイエットして体重は落ちたのに、ウエスト回りの脇腹のお肉がとれない……」

「いちばん細くしたいお尻まわりが、ちっとも小さくならない……」

ダイエットの効果が〝部分的〟にイマイチといって嘆くその原因となっているのは、じつは、動かさないかぎり停滞しつづけている脂肪なのです。

詳しくは後程ご説明しますが、関節運動が十分におこなわれるようになり、筋肉に柔軟性が戻ってくれれば、溜まっていた脂肪は動き始めます。人の体は立体的ですから、脂肪の位置が少し移動しただけでも、見た目には大きな変化があらわれます。あとは、動いた脂肪を燃焼させればいいだけ。本書で展開している「シンメトリーエクササイズ」は、まさにそのためのエクササイズなのです。

脂肪が動けば、基礎代謝はグンとアップする

ダイエットをくり返している人のほとんどは、リバウンド経験者ではないでしょうか。無理な食事制限をしてやせても、ふだんの食事に戻したとたん、またプクプク。悲しい思いでやけ食い……なんてこともあるかもしれません。

リバウンドをくり返すと基礎代謝が落ちて、ダイエット前より太りやすい体質になってしまう、というのは、みなさんすでにご存知のはず。基礎代謝とは、心臓を動かす、体温を保つ、呼吸をする……など生命活動を最低限維持するためのエネルギーのことです。

食事制限でのダイエットは、たしかに脂肪は落ちます。ところが、落ちるのは脂肪だけではありません。筋肉も同時に落ちていきます。筋肉の動きは基礎代謝量を左右していますから、筋肉までが落ちてしまうと、基礎代謝は上がりにくくなります。つまり、摂取したエネルギーが代謝されにくくなり、結果的に、以前より太りやすくなってしまうというわけです。

ダイエットで大切なのは、基礎代謝を上げて脂肪を燃焼させること。そのカギを握っているのが筋肉。といっても、筋肉をモリモリ鍛えるというのではありません。鍛えなくても、いまあなたの身体にある筋肉を全部使うだけで、基礎代謝はグンと上がってきます。身体が歪むことによって使い切れていない筋肉を使えばいいのです。

そのためにはまず、シンメトリーエクササイズで歪みをニュートラルな状態に戻すことです。動かないところで溜まっていた脂肪を動かし、筋肉の動きがやわらかくなれば、自然と基礎代謝は上がってきます。体が脂肪を燃焼しやすい状態に変わってくるのです。

この状態を維持することができれば、もうリバウンドに怯えることはありません。太りにくい体は、「少し食べ過ぎたな～」と思うときでもすぐにもとのレベルに戻すことができます。「もう少しやせたい！」ときにも、容易にコントロールができるのです。歪み＝太る。この方程式さえ打ち砕いてしまえばいいのです。

身体《からだ》の歪みをとること＝骨盤をシンメトリーにさせること

身体の歪みの大元は「骨盤」にある

身体に歪みを抱えていない人は、おそらくほとんどいないと思います。日常的にとる姿勢、ライフスタイルなどによって歪み方に違いはありますが、歪みと無縁で過ごすことは、ほぼ不可能といっていいでしょう。しかし、歪みを決定的に回避する方法があります。そのカギを握っているのが「骨盤」です。

骨盤は体の中心にあり、上半身と下半身をつなぐ重要な役割を担っていますが、もちろん、ただ〝連結〟しているだけではありません。上半身、下半身の動きを〝コントロール〟する。それが骨盤の最大の役割です。

わたしはよく、プランターに植えられたひまわりに例えて骨盤の重要性をお話ししています。次ページのイラストをごらんいただくと、それがよくわかるはずです。

ひまわりは太陽に向かってまっすぐに伸びていく性質を持っています。どんな場所に植えられようが、急な傾斜だろうが、ひまわりはひたすら、太陽に向かって伸びていきます。つまり、置かれたプランターの角度に関係なく、ひまわりは太陽に向かって花を咲かせているのです。

人の体も同じです。骨盤をプランターに例えるなら、ひまわりの茎は背骨です。「直立」するのが、太陽に向かう姿勢。さて、もう一度、イラストをみてください。プランターが傾いていると、ひまわりの茎は不自然に歪んでいませんか？　では、プランターが水平になった状態ではどうでしょう？　ひまわりの茎はまっすぐに伸びていますね。

■骨盤がシンメトリーだと・・・

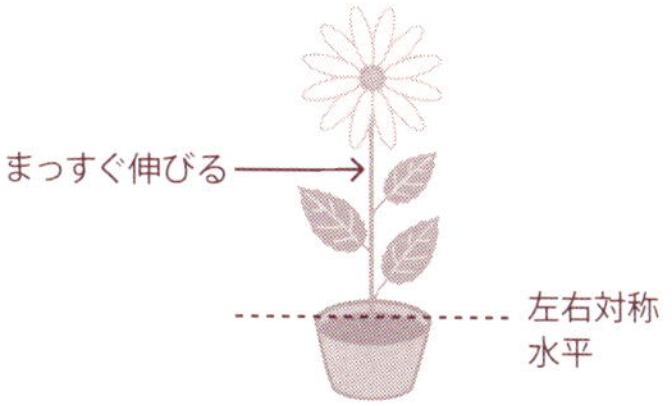

■骨盤がシンメトリーじゃないと・・・

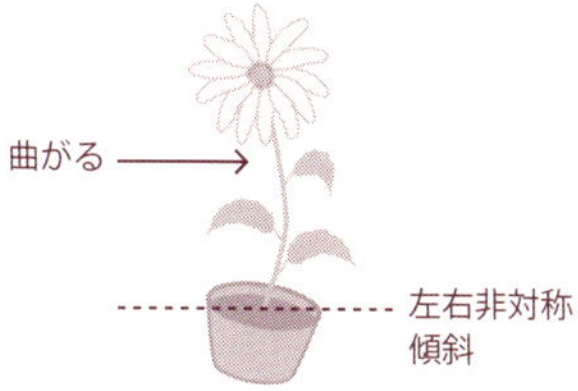

これが骨盤と背骨の関係です。骨盤（プランター）が水平であれば、背骨（ひまわりの茎）はまっすぐに立ちますが、骨盤が歪んでいれば、背骨は不自然に歪んでしまいます。もちろん、骨盤が水平な状態にあり、その上に背骨がまっすぐに伸びるというのが、骨盤と背骨の正しい関係。身体が歪んでいるという状態は、こ

の正しい関係から遠ざかっているわけです。

では、この歪んだ態勢をどう建て直していくか。骨盤そのものを「水平」にすることが大前提です。どんなに背骨だけに手を加えても、土台が歪んでいたのでは、背骨はまっすぐに立つことができません。

背骨は左右の関節の運動に関わっている重要な支柱。上半身の関節はすべて背骨と連動していますから、ここが歪んでいたら、必然的に、動かす関節に左右差が生まれてしまいます。動かないところに脂肪が溜まってしまうということは、すでにお話ししましたが、余分なところに脂肪を溜めないためには、「骨盤」にこそポイントがあるのです。

骨盤をシンメトリーにする2つの筋肉

骨盤は上半身と下半身の中心にあって、体の動きをコントロールしている要を担っています。ここまでは上半身、つまり、背骨の歪みについてお話ししてきましたが、じつは、骨盤の歪みに大いに関係しているのは、下半身をコントロールしている筋肉なのです。

それが、骨盤周辺に位置している「梨状筋」と「中殿筋」と呼ばれる2つの筋肉です。

「えっ、初めて聞く筋肉の名前だけど……」

おそらくほとんどの人には耳慣れない筋肉だと思います。でもこの2つの筋肉が、骨盤をシンメトリーにするのにとても重要な役割をしているのです。

さて、ここで図をみてください。梨状筋と中殿筋の位置はイラストに示してある通りです。梨状筋はおしりの中心部辺り、骨盤に近い深部に位置しています。中殿筋は骨盤の両サイドにあります。

梨状筋は体の深いところで、中殿筋はお尻の外側で、骨盤と脚（大腿骨）を連結して、脚の動きをコントロールしていますが、それぞれではたらきは異なっています。

■「梨状筋」と「中殿筋」

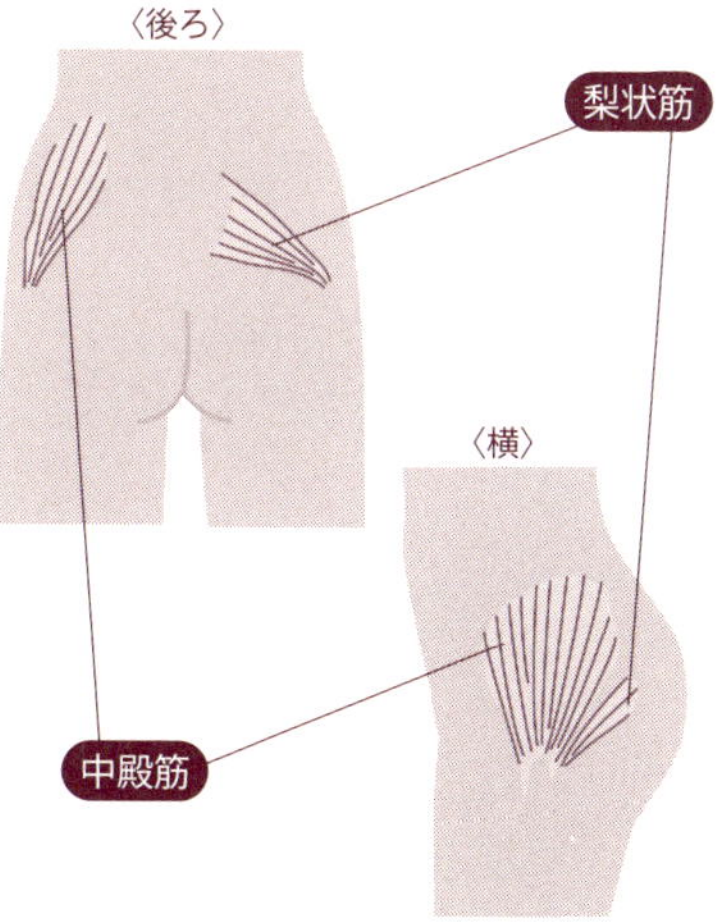

「梨状筋」は、股関節を外に向けて動かすようにはたらきます。股関節が支点になるので、この筋肉でひざや足首までが外に向きます。これを専門用語で「外旋」といいます。体の前面でひざが半円を描くような動きといえば、わかりやすいでしょうか。つま先も外側に向きます。

この筋肉の柔軟性に左右差が出ると、骨盤の左右非対称の回旋が現れます。もっと具体的な言い方をすると、右側の梨状筋がかたいと、右側の骨盤が前にでてしまいます。

一方「中殿筋」は、脚を開脚するためと骨盤を水平に保つために働く筋肉です。この2つの筋肉が中心となって、骨盤を安定させています。大腿骨と骨盤が理想通りにジョイントされ、対になっている梨状筋と中殿筋がシンメトリーな動きをしていれば、骨盤もシンメトリーを維持します。上半身は、この筋肉のバランスによって安定した骨盤の上に乗っていれば、こちらも安定します。

梨状筋と中殿筋の歪みをセルフチェックしよう

梨状筋と中殿筋が左右で均等なはたらきをすることは、骨盤をシンメトリーにして、身体の歪みをとる大きなカギを握っています。エクササイズをおこなう際は、この2つの筋肉の〝左右差〟に注目しておかなければなりません。右側の中殿筋が弱っているのに左側の筋力アップを目指したら？　歪みはさらに加速することになってしまいますね。

どの筋肉の、どちら側の筋肉がゆるんで弱いのか。まず、ここをセルフチェックしましょう。エクササイズのやり方とも関係してきますから、じつは、このセルフチェック、大切なポイントになるんです。

セルフチェックの方法は3つ。「片脚立ち」「横座り」「レッグランジ」です。12〜17ページに写真でやり方が掲載されていますから、そちらと併せてご覧ください。

1つ目のチェックは「片脚立ち」です。気をつけの姿勢から片脚を上げます。前に上げるのではなく、ひざをうしろに曲げるようにします。手はリラックスして、バランスをとるように上げたりしないこと。

この姿勢で、まずどちらの脚が立ちやすいかをチェックしてください。どちらかがグラグラと不安定だというのであれば、その脚側の中殿筋が弱いということにな

■片脚立ち(P12)

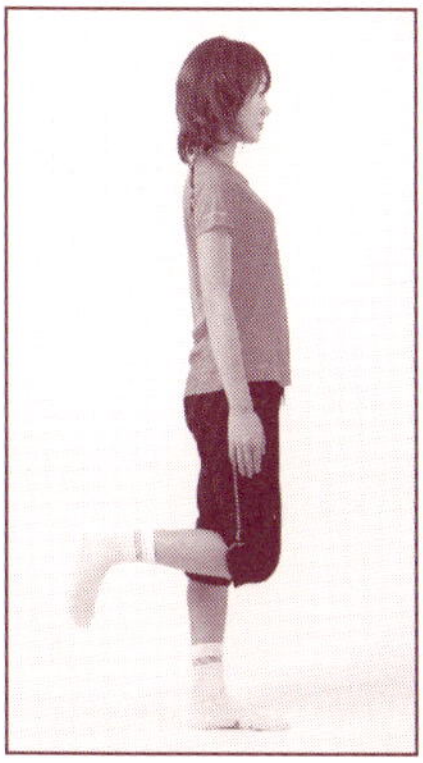

■横座り(P14)

■レッグランジ(P16)

ります。

骨盤に歪みがあり、水平な状態でない場合は、上げた脚が交差します。斜めうしろに脚が上がり、前から見ると交差しているように見えるのです。ただ、立ちやすいと感じた方が、上げた脚が交差するといったケースもあります。これは体をねじって安定させているということも考えられますから、この動作は鏡の前でおこない、視覚で確認したほうがいいでしょう。

2つ目は「横座り」。これは梨状筋などの股関節外施筋群の硬さをチェックする方法です。ひざ頭をそろえて横座りしてみてください。ラインを決めて、そのライン上にひざ頭をあわせます。ひざ頭が凹凸《でこぼこ》していると正しい判断ができませんから、ここは要注意です。

体の内側に入る側の脚は、ひざ頭につま先がそろうようにして、足裏を腿にぴたりとつけます。さあ、この態勢でどちらの側が座りにくいですか?

外に出した脚が左脚で、こちら側が座りにくいという人は、左脚の梨状筋が硬くなっています。その場合、左側のおしりが上がり、床におしりがつきませんから、このポイントでも判断できます。

3つ目は「レッグランジ」という方法で、中殿筋と腿の筋力、腹筋などの体幹のバランスをチェックします。このチェックでポイントになるのは、脚の動きを意識しないこと。まっすぐに立ち、視線もまっすぐに。ただ脚を前に出すことだけを考えてください。

フローリングの板目でもなんでもいいのですが、中心ラインを決め、それをまたぐように立ちます。歩幅は50センチくらい。片脚をスッと前に出し、その姿勢のまま腰を落としていきます。

ここで見るべきポイントは2つ。バランスに問題がない場合は、立ち位置から中心ラインにそった場所に脚は着地しているはずです。

ラインから外へと着地点がずれている場合は、中殿筋などの筋力が低下しています。これが1つ目のポイント。

2つ目は、ひざとつま先がまっすぐ前に、同じ方向を向いているかどうかを見ます。バランスがとれていないとひざが内側を向いてしまい、ひざとつま先の方向にも微妙なズレがあります。この場合も、中殿筋などの筋力が低下していることを示しています。

さて、自分の体がどう歪んでいるか、確認できたでしょうか。

「わたしは右側の中殿筋の使い方が弱いみたい……」

この確認が、〝骨盤クランチ〟エクササイズのファーストステップです。

下半身が細くならないエクササイズは間違っている

歪みを正すエクササイズでなければ効果はない

ダイエットの方法はまさに多種多彩です。最近ではさまざまなエクササイズも紹介され、すでにトライされたという方もいるかもしれませんね。では、その効果のほどはどうだったでしょうか。

「けっこうきついエクササイズに取り組んだわりに、思うような効果がなくて……」そんな〝ちょっとがっかり〟の結果に終わったというケースは、少なくないはずです。その理由もすでにみなさんは想像がつくのではないでしょうか。「身体の歪みを正す」という、もっとも重要なテーマを忘れたエクササイズだからです。

前の項でもお話ししましたが、骨盤が左右対称、シンメトリーな状態に保たれていれば、身体のすべての関節はよく動き、筋肉も左右対称に使われます。これならウエストにも、腰まわりにも、お尻のまわりにも、下半身にも、脂肪が溜まってしまうということはありません。

わたしはよく「し」と「C」は違うのだということをお話します。「し」は、骨盤が不自然に後ろにせり出して、そのバランスをとるために腰椎がカックンと折れ曲がって骨盤の上にのっているような状態。いわゆる「出っ尻」です。「C」は骨盤が定位置にあるため、各関節がニュートラルでそこから上に自然なCカーブを描いている状態。バランスのよい状態はもちろん「C」です。

ところが、現代人のほとんどが、日常の生活習慣や仕事の環境など、さまざまな要因によって、体が歪み、シンメトリーではなく、「C」のカーブを描けない状態になっているのです。こうした状態がスムーズな関節運動を阻害するため「脂肪を溜めやすい体」になるということは、前述したとおり。

ですから、歪みを抱えたままでは、ダイエットによって一時的には体重が落ちたり、気になる部分の脂肪がとれても、効果は長続きせず、結局、「あぁ、またこんなにぽってりして

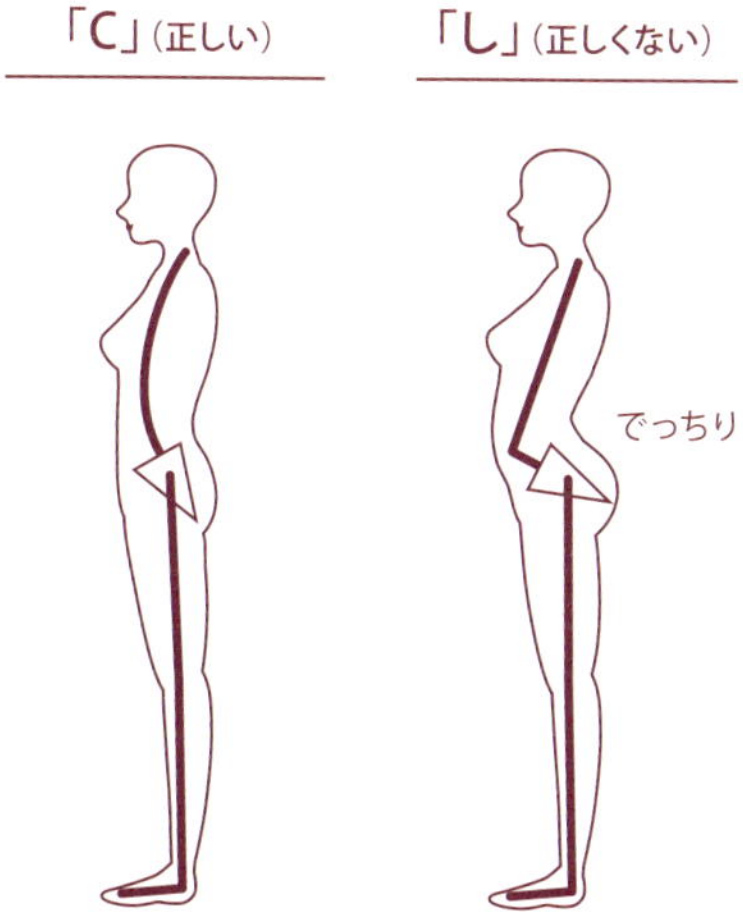

きちゃった！」ということになるわけです。

まず、やるべきことは歪みを正すこと、脂肪を溜めない身体にすることです。歪みがなくなったら、それまで使われていなかった筋肉が使われるようになり、基礎代謝はあがって、脂肪がどんどん燃えます。

もう、きついエクササイズも必要ありません。なぜなら、日常生活の動きそのものがエクササイズになるからです。ふつうに歩いていたら、それがエクササイズになる。シンメトリーエクササイズの真骨頂はそこにあります。

エクササイズで細くなるのは、まず下半身

美しいプロポーション、きれいなラインの最大の敵は、やはり、下半身でしょうか。この難攻不落の敵も骨盤をシンメトリーにするエクササイズで、らくらく陥落させることができます。そのカギを握っているのが、「梨状筋」と「中殿筋」。この2つの筋肉がきちんとその役割を果たすことが、左右シンメトリーのカギです。

骨盤が歪んでいると、体重は左右の脚に均等にかかりません。どちらかの脚に大きな負担がかかっています。負担がかかっているほうの脚は、立っているときも安定を保とうとして、筋肉を使って支えています。そのために筋肉が必要以上に発達して、太くなってしまうのです。

歩くときはなおさら。筋肉はさらに〝過酷〟に使われます。歩くだけで筋肉増強トレーニングをやっているようなものといってもいいでしょうね。脚が太くなるのは必然です。

左右の脚を比べてみてください。どちらかが太いということはありませんか？太さに左右差があるということは、骨盤が歪んでいるということ。太いほうが不安定な脚です。

歪みを正すと骨盤は左右の脚にしっかり乗ります。立っているときも、歩いているときも、脚の筋肉は必要以上に使われません。歩くときは、腰やお尻、太ももの裏側の筋肉を使って足を前に運ぶ動きになるのです。無駄に使われていた筋肉は落ちて、脚が細くなります。

「でも、お尻の筋肉を使うようになると、お尻が大きくなったりしない？」

当然の疑問ですが、心配はいりません。発達したお尻の筋肉はリフトアップされ、トップの位置が高くなるという、うれしい変化をもたらすのです。ヒップトップがあがったら、脚も長く見えます。

おしりにある筋肉を十分に使い切る。つまり、梨状筋や中殿筋を、しっかり機能させることが、ヒップアップにつながっていくのです。

腹筋はおなかを凹《へこ》ますだけではなく、体の歪みを取る筋肉

さぁ、次はおなかです。プクッとふくらんだおなかは、スカートのときも、パンツスタイルでも、おおいなる邪魔者。おなかがすっきりしていてこそ、お気に入りのファッションも楽しめるというものです。

32ページでお話ししましたが、やせてすっきりのおなかになるためには、普通の腹筋運動ではダメです。「腹筋やったら、ほら、こんなにおなかがへこんだ」なんて話を聞いたことがありますか?

へこむどころか、むしろ弊害のほうが大きいのです。腹筋運動をやっていると、回数が増えるごとにきつくなり、だんだん体がねじれてきます。左右の腹斜筋のバランスがとれていない状態でそうなると、強いほうの腹斜筋ばかりを使うことになります。

その結果、左右のバランスがさらに崩れ、ただでさえ歪んでいる体がますます歪んでしまうのです。こうなったらもう悪循環。腹筋運動をやればやるほど、おなかがへこみにくい体、やせない体になってしまいます。

ターゲットは左右の腹斜筋です。それを均等に使うためのエクササイズでしか、やせてすっきりのおなかは実現しません。そのエクササイズが、骨盤クランチです。

骨盤を正すエクササイズで太らない身体をつくる

ここまで太る原因、やせない原因が身体の歪みにあることを、随所で説明してきました。歪みのために関節の動きが制限され、本来、使われるはずの筋肉が使われない身体になっていることで、ついてほしくないところに脂肪が溜まってしまうのです。

骨盤クランチは、その眠っていた筋肉を目覚めさせ、動かすことによって、歪みを正します。筋肉が正しく使われれば、自然に脂肪が燃える身体、太らない身体になるのです。いったんその身体ができてしまえば、とくにエクササイズをする必要さえなくなります。ふつうに日常生活を送っているあいだにも、筋肉がエクササイズ効果のある動きをするようになるからです。

そのためには「筋肉」がどういった動きをし、どう連動しているか。ここをきちんと理解しておくことが大切です。もちろん、筋肉は人の体に無数にあり、その1つ1つの動きを理解することは、専門家でもないかぎり、不可能です。

ただ、「骨盤」という部位にスポットライトを当てると、太らない、機能的なプロポーションへの早道は見えてきます。どの関節と筋肉を正せばいいのか。それがわかってくるのです。

ウエストくびれも必然的にできるからすごい！

ボディラインの決め手といったら、ウエストのくびれ。なだらかなカーブを描くウエストは、女性ならではの美しさを象徴するものといっていいかもしれません。

セルフチェックで左右のくびれの高さを確認されたと思いますが、違いはあったでしょうか。かなりの方に左右差がみられたと思います。くびれは身体の歪みがあらわれやすい部分です。くびれの高さは背骨の動きとかかわっています。上のほうでくびれている場合は背骨がカーブする位置が高く、下でくびれている場合は低いということ。当然、位置が高いほうがいいわけです。

骨盤クランチで歪みが正されると、背骨が真っすぐに伸びますから、くびれの位置はそれまでより高くなり、なだらかなラインができあがります。もちろん、左右のくびれはきれいなシンメトリーになっているはず。くびれが高くなるということは、ヒップやバストの位置もあがるということです。これはそれまで使われていなかったお尻の筋肉が使われるようになった証拠。その結果、筋肉が引き締まり、ヒップが高くなるのです。また、脂肪がつきやすい腰まわりもすっきりしてきます。

骨盤クランチは、ウエストから下半身にかけてのラインをめざましく変えます。みるみる変わっていく自分をセルフチェックしながら、楽しく取り組みましょう。

「骨盤クランチ《腹筋》」は脳に働きかけるから劇的な効果がある

寝ておこなうか、立っておこなうかの大きな違い

Ｃｈａｐｔｅｒ２でエクササイズの「実践」を見てこられたみなさんには、ちょっとした疑問があるかもしれません。

「あれっ、腹筋って、立った状態でやっても効くの？」

たしかに、スポーツクラブやヨガ教室でおこなわれているエクササイズのほとんどは、寝た状態、つまり、使いたい筋肉を上に向けた状態でおこないます。たとえば、腹筋のエクササイズにしても、床に寝た（腹筋を上に向けた）状態から上半身を起こすというのが一般的ですね。

しかし、実際に筋肉を使うときはどうでしょう。筋肉を上に向けた状態で使うことがあるでしょうか。少なくとも日常生活では、体の主要な筋肉は前後に向いた状態で使われます。だったら、エクササイズだって、筋肉を使うときの状態、すなわち立った状態でおこなうのが、理にかなっているし、効果も高いと思いませんか？

〝骨盤クランチ〟は、身体の歪みを直し、筋肉を正しく十分に使えるようにすることによって、余分な脂肪を燃やし、すっきり体型をつくっていこうとするものです。筋肉は立った状態で使うわけですから、その使い方は最終的に立った状態でおこなうエクササイズで、体に覚え込ませる必要があるのです。

誤解を恐れずにいえば、寝た状態でおこなうエクササイズだけをいくら熱心にやっても、あまり意味はないといっていいでしょう。

「でも、立ってやるのはきついのでは……？」

立っておこなうエクササイズは少し難しいし、体にとって多少きついのは事実。そこで、まず、背骨に重力がかかっていない寝た状態で、26～29ページでご紹介したエクササイズをおこないます。これは立っておこなうエクササイズ（30～31ページ）へのきっかけづくり、いってみれば、準備体操のようなものですね。

このエクササイズで、筋肉を左右均等に使ってみて、どちらが弱いかを確認します。エクササイズの効果をあげるには、筋肉の強さのレベルに合わせることが大切だからです。

そして、寝ておこなうエクササイズが終わったら、すぐに立ってエクササイズをおこないます。寝ておこなった感覚を、即座に立った姿勢で再確認することがとても大切ですから、ここは重要ポイントです。

いい動きを体に覚え込ませるためには、立ったエクササイズが不可欠。このことをもう一度、しっかり頭に入れておいてください。

「頑張らない」ことが成功するためのポイント

「よぉ～し、エクササイズをめいっぱいがんばって、やせてやるぞ！」

新しいことに取り組むときには、意欲が充実するもの。これまでにトライしたダイエットでもそうだったのではありませんか？　しかし、みなぎっていた意欲はだんだん萎んでいって……とうとう挫折。そんな〝苦い経験〟、だれもが味わっているのではないでしょうか。

でも、安心してください。〝骨盤クランチ〟エクササイズはがんばる必要はありません。いえ、もっというなら、「がんばらない」ことが成功するための大きなポイントです。汗もかきませんし、かく必要のないエクササイズなのです。

それぞれのエクササイズは5回より多くやってはいけません。もちろん、これにはきちんとした科学的な根拠があります。

たとえば腹筋。それまでできなかった腹筋運動ができるようになる。これは筋肉が開発されたことですし、すっきり体型に向けてたしかな一歩を踏み出したことでもあります。しかし、できるようになったエクササイズをくり返し続けるのは、やせるというテーマからすると、意味がないんですね。

同じエクササイズをずっと続けていると、脳がその運動に慣れてきます。慣れは刺激を失わせます。〝骨盤クランチ〟エクササイズの目的は筋肉を鍛えることではなく、使っていなかった筋肉を使うようにすることですから、つねに刺激を与えることが大切。慣れることによって、筋肉がその運動を得意になってしまったのでは、効果はあがらないのです。

「このエクササイズ、かんたん！　ラックラクじゃない」

というより、できるかできないかの「ギリギリ」という状態がもっとも効果的だということを知ってください。

だから、回数を多くしたり、毎日、同じ時間に同じ順番でエクササイズを続けたりするという方法は効果なし。エクササイズの順番を変えたり、ときにはスキップしたりして、刺激を与え続けるようにしましょう。

「じゃあ、きょうは腹筋エクササイズだけにしよう、ということでいいの？」

もちろんＯＫ。深呼吸だけやるという日があってもいいのです。毎日、決められたメニューを続けることが効果に繋がる、というエクササイズの〝常識〟は捨ててください。骨盤クランチ・エクササイズでは、「わざとやらない」ことが、重要なキーワードなのです。

「あれっ、いつもと違うじゃない。きょうは〝あれ〟はやらないの？」

脳も筋肉もそう感じていること。それが効果をあげるための、きわめて大きなポイントになります。

エクササイズは身体だけではなく、頭を使ってこそ効果があるのです。

歪んだ側からエクササイズをおこなってはいけない理由

硬くなっている側からエクササイズしてほぐしてやる。みなさんは通常、そう考えるかもしれませんね。でも、これもじつは大きな間違いなのです。メカニズムはこうです。

人の体には脳から脊髄まで、背骨に沿うように〝中枢神経〟が走っています。その中心となる中枢神経から枝分かれして、左右に末梢神経が張り巡らされ、脳から送られてきた情報によって、人は左右対称の動き

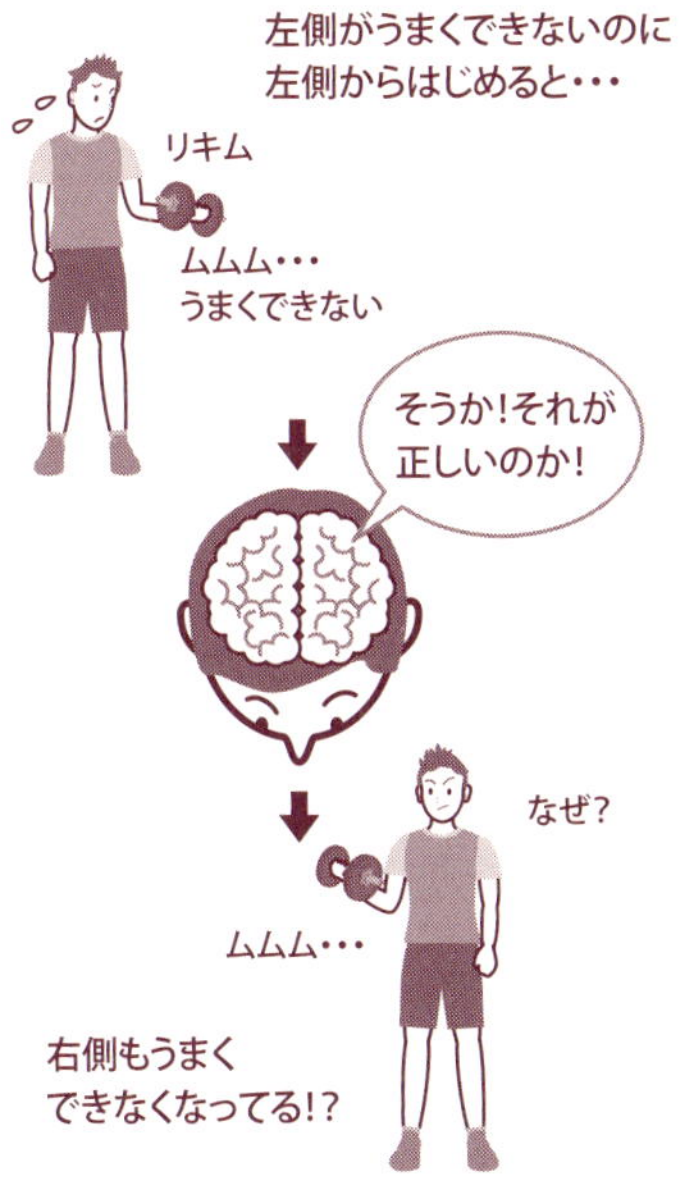

をしています。ところが、末梢神経に伝えられた指令が左右で異なった動きだったとしたら？　脳にフィードバックされる情報は違ったものになりますね。

つまり、こういうことです。「右足と左足をそろえて立て」という指令が脳から送られるとしましょう。中枢神経はそれを左右の末梢神経に伝えます。ところが、左右の末梢神経から返ってきた返事が異なっているとしたら、脳は最初に送られてきた情報をインプットしてしまうのです。

「ほっほう、そういう動きが正しい動きなんだな。じゃあ、次はそう伝達しよう」という具合です。実際は正しい動きではありませんから、滞った動きをサポートするように別の筋肉が動き出してしまうのです。

もうおわかりですね。歪みのある正しい動きをしていない側からエクササイズを始めると、その間違った情報が脳に伝えられ、身体の歪みはますます高じてしまうというわけです。

エクササイズをするときに重要なのは、歪みのない側の筋肉をまず動かし、そのあとで歪んだ側を動かすことです。

「筋肉が硬くなっているから、その側から始めて、多めにエクササイズしよう」

この勘違いが、さらに歪みを増してしまうということ。しっかり認識しておきましょう。歪んでいない側から始め、左右対称、つまり、同じ回数おこなうのが、正しいエクササイズの方法です。

「ながら」エクササイズでは効果がない

テレビの画面を見ながら、お気に入りの音楽を聴きながら……。エクササイズに取り組むときは、必ず、「ながら」になるという人がいます。

「だって、そのほうが楽しいし、長続きする気がするし……」

もちろん、「ながら」にまったくメリットがない、というつもりはありません。しかし、骨盤クランチ・エクササイズでは「ながら」はＮＧ。意識がテレビ画面や聴いている音楽に向かってしまい、エクササイズに集中できなくなるからです。

逆の言い方をすると、「ながら」ができるのは、その運動に慣れている証拠です。慣れているから、意識が運動に集中しなくてもできてしまう。さぁ、前項を思い出してください。〝慣れ〟は骨盤クランチ・エクササイズにとって、いちばんといってもいいくらいの〝大敵〟ではありませんでしたか？

体は動いている、筋肉は使っているけれど、そこに意識がない、というのが〝慣れ〟の正体ですが、それでは刺激が与えられるわけがありません。動きの一つひとつ、使う筋肉の一つひとつに、すべての意識を集中してこそ、十分な刺激が与えられるのです。

どのエクササイズも回数にして5回、複数おこなってもわずか10分もあれば終了してしまうものですし、時間帯も選ばないのですから、エクササイズのあいだだけ、「ながら」を封印するのは難しくないはず。ぜひ、そうしてください！

最大のポイントは〝イメージ〟にあり

エクササイズに取り組むときは、まず、視覚的にそのやり方をインプットします。ジムや教室なら、インストラクターが「まず、足を肩幅に開いて、膝を少し曲げる……」といったふうに、順を追ってやり方を〝見せ〟ながら、指導するわけです。

本でエクササイズを覚えるケースでも、頼りになるのは、やはり、視覚的な情報として捉えられる写真やイラストですね。それらがないと、「膝を少し曲げるって、どのくらい曲げたらいいの？」ということになる。実際、本書でも写真・イラストをふんだんに盛り込んでいます。

たしかに、エクササイズを正しくおこなうために、視覚的な情報は欠かせません。ただし、そこにはちょっとした落とし穴があることも知っておいてください。視覚に頼りすぎるあまりに、そのエクササイズで肝心なポイントをクリアできていないことがある、というのがそれです。

「木を見て、森を見ない」という言葉があります。細部にこだわって、全体を見ることができない、という意味ですが、視覚に頼りっきりだと、それとは逆の「森を見て、木を見ない」ということになりがちなのです。つまり、全体のかたちは写真やイラストをまねてできているけれど、こまかな点、たとえば、おなかを引き締めるとかゆるめるといった、大切なポイントが、おざなりになってしまうことがあるんですね。

それをカバーするもっとも有効な方法が、イメージによるエクササイズです。視覚的な情報をシャットアウトし、文章からイメージを湧かせて、エクササイズをする。本書なら写真やイラストを見ずに、やり方を説明している文章だけを読んで、それを実際に口にして、エクササイズをやってみるわけです。

文章をイメージ化し、言葉にする作業をおこなうと、そのエクササイズで大切なポイントがもれなく明確になります。そして、実際にエクササイズをやってみることで、体にそれを覚え込ませることができるのです。

このイメージによるエクササイズをおこなうと、エクササイズの質的なレベルが格段に違ってきます。ものすごくよくなる。それぞれのエクササイズで最大限の効果を得るためのポイントは、じつはここにある、といってもいいでしょうね。みなさん、トライしてみてください。

しつこいようですが、エクササイズは頭を使いましょう。

チャートでわかる！
「骨盤クランチ」の効果的なやり方

さあ、「骨盤クランチ」を始めようと思っているあなた！
まずは、次のような流れをひと通りおこなってみてください。
どの筋肉が動かしにくいか、どのエクササイズが苦手か一発でわかるはず。
そして、本格的にダイエットに取り組みたい方は87ページに進みましょう！

1 骨盤バランスチェック	□ **「片脚立ち」**で“中殿筋”の強弱をチェック（P12） → 立ちにくい脚の中殿筋が弱いです。 □ **「横座り」**で“梨状筋”の硬さをチェック（P14） → 座りにくい脚（外に出した方）の梨状筋が硬いです。 □ **「レッグランジ」**で“体幹バランス”をチェック（P16） → P16を参考にバランスに問題がないか確認しましょう。
2 準備体操	□ **梨状筋に左右差があった方は…** 「梨状筋ストレッチ」（P20）で 左右の梨状筋を均等に整えて、硬さをとります。 □ **中殿筋に左右差があった方は…** 「中殿筋トレーニング」（P22）で左右の中殿筋を均等に鍛えます。 ※「片脚立ち」で立ちやすかった方の脚から始めてください □ **よりエクササイズの効果を高めるために…** 「深呼吸」（P24）で背中をゆっくりとほぐし代謝を高めます。
3 骨盤クランチ	□ **骨盤クランチ1［ゴロ寝バージョン］**（P26） 腹筋全体を左右対称に鍛えます。 まっすぐに起き上がっていますか？ □ **骨盤クランチ2［ゴロ寝バージョン］**（P28） 腹斜筋を左右対称に鍛えます。左右どちらがやりやすかったか、確認することがポイントです。 □ **骨盤クランチ3［立ちバージョン］**（P30） すぐに、骨盤クランチの立ちバージョンを開始。寝てつかんだ感覚を体に叩き込み、脳に正しい動きを覚えさせます。

この流れを1回行うだけで、もう体が変わり始めているのを実感できるはずです！

Chapter 4

アスリートも実践！最強の身体《からだ》になるシンメトリーエクササイズ

最強の身体。それは骨盤を中心に全体がシンメトリーで、関節も筋肉もしなやかに動く身体。どこにも余分な脂肪がなく、見た目にも美しい身体です。それをつくりあげる究極のエクササイズが「シンメトリースクワット」。必要なエクササイズ効果がこれだけで得られる、画期的なものです。さぁ、この最強の武器をフル活用です。

歪んだ関節と硬い筋肉をいっきよに解消！

「シンメトリースクワット」なら機能的な美しい身体になれる

「やせたい！」という悩みを抱く人の第一の目標は、なにはともあれ「体重を落とす！」ことでしょうか。

「やせれば、理想のプロポーションも夢じゃないでしょ？」

ところが、いざダイエットに取り組んでみたら、やせ方のバランスがどうも悪い。「背中のお肉がとれない……」「下半身が相変わらず、太いまま……」「ウエストにくびれが出ない……」といった新たな悩みを抱えてしまうというわけです。

「理想のプロポーションは、わたしにはやっぱり無理……」

多くの人が取り組むダイエットの大いなる間違いはここにある、とわたしは思っています。はっきりいいましょう。体重を落とすことにばかり目を向けているから、ダイエットに失敗するのです。

こんな言い方をすると、方々からブーイングが寄せられそうですね。でも、体重を落とすことを第一の目標にすることを否定しているわけではないのです。わたしがいいたいのは、オーバー気味の体重を落とすと同時に、太らない身体を手に入れませんか、ということです。

それを実現するためには、〝機能的な身体〟とはどういうことかを確認することが大前提です。そのキーポイントとなるのが、身体の中心にある「骨盤」です。

骨盤に歪みがあるということは、身体全体の歪みにつながる。歪みは人体を構成している関節の動きを制御し、硬く固まりやすくしてしまっている。もちろん筋肉の動きも悪くなる……。前章でそれについてはお話ししてきましたね。

わたしたちの身体はすべて〝連動〟して動いています。骨盤の歪みは、その部分だけの歪みにとどまりません。骨盤回りの動きや柔軟性が失われていれば、上半身の背骨に影響が及びます。背骨は上半身にある関節と連動していますから、当然、動きはスムーズではなくなります。

下半身も同様です。脚を前後左右に動かす、きわめて基本的な動作にも影響が及んでいるのです。それは気づかないうちに。だから、意識的な改善が必要なのです。

動きの悪い関節や筋肉のあるところに脂肪は溜まりやすいということもお話ししましたね。だからこそ、そこはどんどん動かしていきましょうよ。

普通のスクワットのイメージは捨ててください

歪んだ関節と硬くなった筋肉を、いっきょに解消していこうというのが、これからご紹介する「シンメトリースクワット」です。スクワットというと、両手を頭のうしろに組んで、下半身を曲げ伸ばしするエクササイズを思い浮かべると思いますが、それとは動きがまったく違いますから、通常のスクワットのイメージはすっぱりと捨ててください。

「シンメトリースクワット」は、これまでお話してきたエクササイズをすべて網羅したものです。梨状筋ストレッチ、中殿筋トレーニング、深呼吸。そして、腹筋のなかの腹斜筋を鍛えるエクササイズは、寝ておこなうものと立っておこなうバージョンをやりましたね。これらのすべてが盛り込まれているのが、「シンメトリースクワット」です。もちろん、立っておこなうやり方は、このエクササイズの大原則です。

70～73ページに「シンメトリースクワット」のやり方を展開していますから、まずご覧になってください。

「わぁ～、きっつそー」

ほとんどの人はそう感じるでしょうね。いえいえ、けっしてそんなことはないんですよ。これまで積み重ねてきたエクササイズを集大成したのがシンメトリースクワットですから、すでに身体がもっとも効果的な動き方を覚えているはず。それをあなた自身の頭のなかでイメージしながらおこなえばいいのです。

それでも身体のバランスがとれなくてグラグラしたり、背中が伸びきらなくて腰が痛いと感じたり……。そんなときはもう一度、一連のエクササイズをおこなってみる。その上で、鏡の前でセルフチェックをしてみてください。

身体に左右差があると、シンメトリースクワットの姿勢をとったとき、ひじの位置が水平でないことがあります。このエクササイズにはやり方の注意点がいくつかありますが、なかでも大切なのは、身体に左右差がある状態でやらないこと。ここを基本中の基本と考えましょう。

エクササイズで背中が伸びないと感じたり、腰に痛みがある場合は、「背骨ストレッチ」(74ページ)と「キャットバック」(75ページ)をご紹介してありますから、併せておこなってみてください。

「シンメトリースクワットの感覚が、どうもつかみにくい……」

そういう人は、76ページの「椅子スクワット」で体の動きをチェックしてみましょう。背骨の〝伸び〟の感覚がつかめると、比較的スムーズに取り組めるようになりますよ。さあ、シンメトリースクワットに、いざトライ。そして機能美を手に入れましょう。

シンメトリースクワット

中殿筋、梨状筋、腹筋のすべてを鍛える
上級編エクササイズです

1

肩幅より広く脚を開いて立ちます。つま先は前方に向けて平行にし、ハの字にならないことが絶対ポイント。この姿勢から、ひじを張って、胸から離した位置で両手のひらをあわせて合掌します。これがスタートポジション。

これまで展開してきたエクササイズを集大成したのが「シンメトリースクワット」です。中殿筋、梨状筋、腹筋（左右の腹斜筋）の動きを頭のなかでイメージしておこなってください。ポイントはそれぞれの動きをキチッと決めながら一連の動作にすること。曖昧に流しては効果は期待できません。3秒間キープしてゆっくり次の動作に移りましょう。

2

1の姿勢から、椅子に座る感じでお尻を後方に突き出します。お尻が後方に突き出されることによってひざは自然と曲がり、つま先は上がり、背中も反ってきます。ポイントになるのはお尻の穴を後ろに向けるという意識。

✕ NG

ひざだけを曲げようとしたり、背中が丸まっているとお尻は後方に出ません。目線が下向きになってもダメ。通常のスクワットのように腰を落とすのではなく、お尻を突き出す。踵に重心をのせる感覚を重視してください。

3

お尻を後方に突き出して3秒キープしたら、ゆっくりスタートポジションの姿勢に戻ります。上がっていたつま先を戻し、足の裏を床につけます。ここで力をゆるめたり、体勢を変えたりせずに、次の動作に移っていきます。

4

骨盤を前方へと突き出します。あばら骨が浮き出るくらいにグッと、おなかを引っ込めます。背中が丸まりすぎないように、合掌の手の位置はキープしたままにしましょう。

5

シンメトリースクワットの最後の締めは、体を上へ上へと伸ばすこと。**4** の体勢を維持したまま胸の前で合掌していた手を頭上高く上げ、踵を上げてつま先立ちになります。体が 1 本の棒になる意識を持つといいでしょう。ここでも 3 秒間体勢をキープして戻ります。

できなくても大丈夫！

次の3つのエクササイズで、どんどんできるようになります。

スクワット練習 1 背骨ストレッチ

背骨を気持ちいいと感じるくらいに
ゆっくりと伸ばします

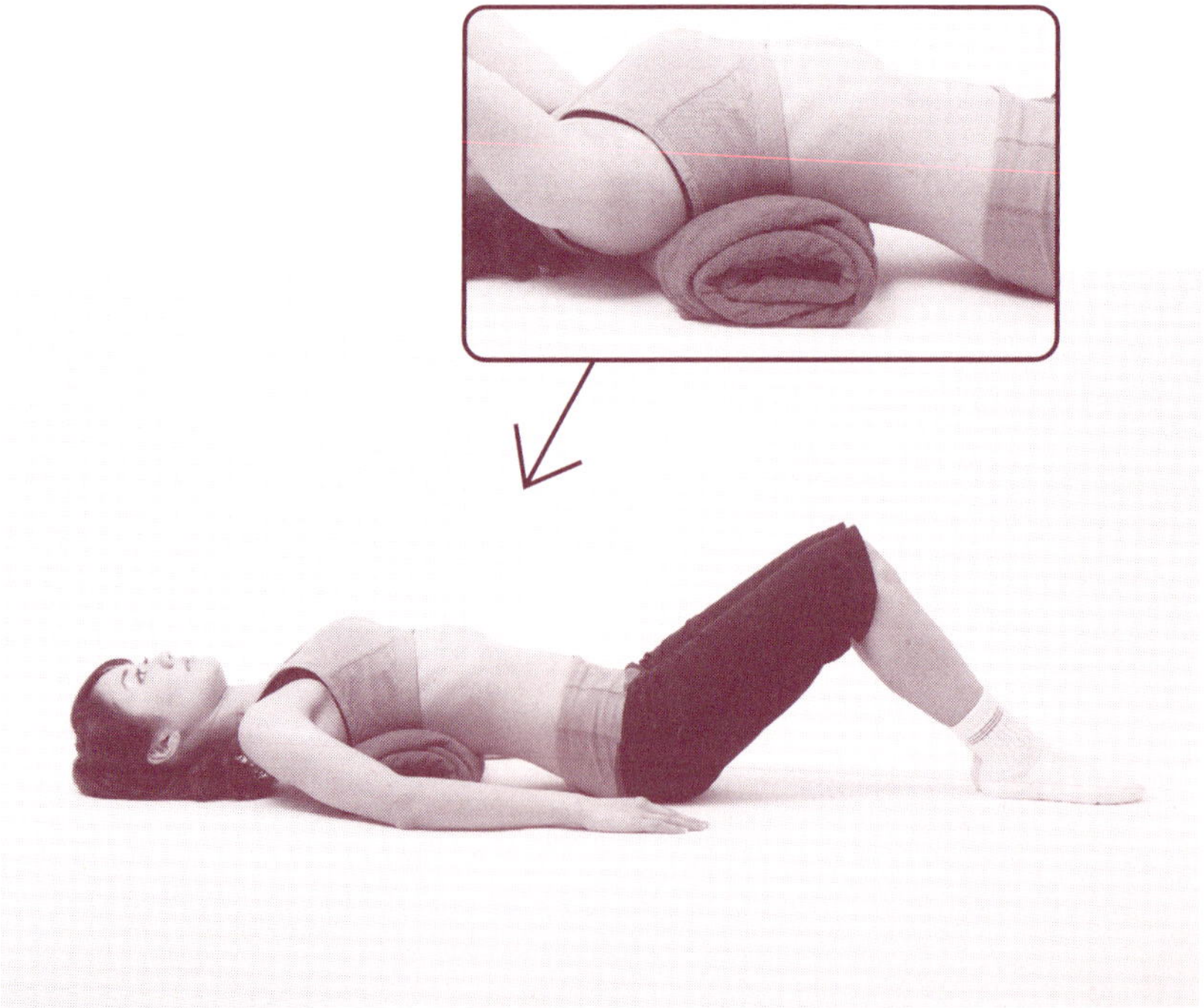

シンメトリーエクササイズは背骨がしっかり反らないとなかなかうまくいきません。これは背骨を動きやすくするための補足エクササイズ。仰向けに寝て、ひざを立て、肩甲骨の下辺りにバスタオルをおきます。ちょうどブラジャーのホックの位置です。けっして腰の下には入れないでください。そのまま3分間キープ。※腰が痛くなる方は無理しておこなわず中止してください。

スクワット練習2 キャットバック

背骨を反らす感覚、
おなかを引っ込める感覚をつかんで！

背骨を反らす、おなかを引っ込める。「キャットバック」はそのための補足エクササイズです。まず四つん這いの姿勢になってください。床につく両手と両ひざはほぼ平行になるように。視線は前方に向けておきます。

お尻をグッと後方に突き出しながら、背中を反ります。お尻を突き出すことによって自然に背中は反り返りますが、お尻と背筋に意識を集中することが大切。あごが上を向かないように、目線はまっすぐのまま。

今度は背中を丸めます。やってみるとわかりますが、背中だけに意識をおいては体は丸まりません。視線を床に落としておなかをグッと引っ込める。そうすると自然と背中も丸まります。反って丸めて、を5回おこないましょう。

スクワット練習 3

椅子スクワット

シンメトリースクワットのお尻を突き出す動きの
感覚がつかめるようになります

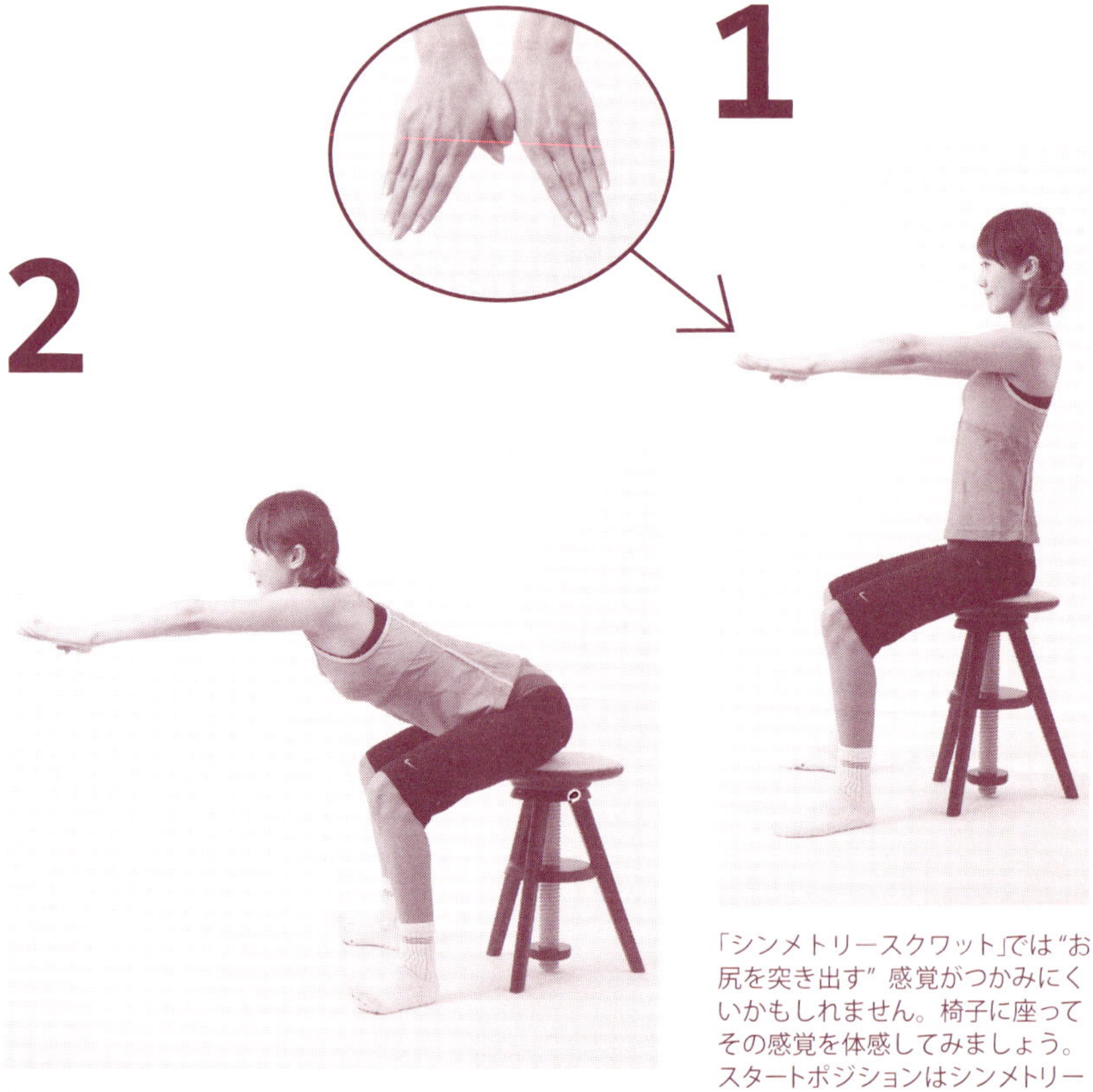

1

「シンメトリースクワット」では“お尻を突き出す”感覚がつかみにくいかもしれません。椅子に座ってその感覚を体感してみましょう。スタートポジションはシンメトリースクワットと同じ。手の親指と親指を骨盤クランチ 1（P26）と同じように、組みにくいほうで組みましょう。

2

椅子には浅く座ります。その姿勢から水平に出した両手を、まっすぐ前に伸ばします。お尻を椅子の座面につけたまま、両手を前に伸ばして、伸ばして、伸ばしきってください。

3

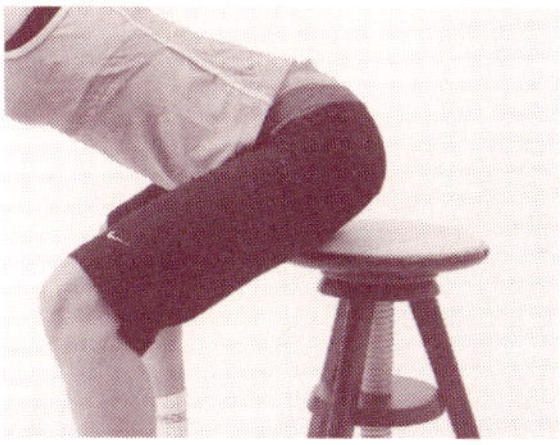

これ以上前に伸びないというところまで両手を前に伸ばしきってください。この瞬間にお尻は自然と浮いてきます。この感覚をしっかりと体感しましょう。椅子から立ち上がるのはこのタイミングです。

4

両手は水平を保ち、足の指先を上げたままで、お尻を突き出した姿勢を 3 秒間キープ。目線はまっすぐ前を向いたままでおこないましょう。ここから次の動作に移りますが、これもシンメトリースクワットとやり方は同じです。

5

突き出したお尻を引き、ひざを完全に伸ばしきって立つ姿勢になります。上げていたつま先の指ももとに戻し、同時に、おなかをグッと引っ込めます。前に出している両手はそのまま水平を保ってください。

6

5 の姿勢から、つま先立ちになって体を上へと上げます。シンメトリースクワットでは両手は頭上高く上げて伸ばしましたが、ここでは両手は水平のままで OK。グラつかないように、中殿筋に意識を集中しましょう。

シンメトリースクワット

Q&A

Q シンメトリースクワットはなぜ「最強」なのですか？

A 本書で紹介しているエクササイズはすべて関連しています。梨状筋、中殿筋、深呼吸で身体の歪みをとる準備を整え、骨盤クランチで歪み解消のカギを握っている腹筋を万全のものにしていく。そして、それらのエクササイズを実用的な動きに変えていくのが、シンメトリースクワット。それが〝最強〟とする所以です。

ただし、身体の歪みは日々〝更新〟されていることを忘れてはいけません。つねに、「準備」「万全」「実用」を意識して実践していきましょう。

Q シンメトリースクワットでお尻をうしろに出す動きのとき、腰が痛くなってしまうのですが…

A 腰痛が出てしまう場合は、シンメトリースクワットをおこなう前に、「背骨ストレッチ」「キャットバック」「椅子スクワット」の順番でおこなってみてください。コツがつかめると腰が痛くなくなってきます。

Q 「スクワット」というと太腿が太くなるイメージがあるのですが、どうなのでしょうか？

A 一般的なスクワットのイメージは、腿の筋肉を使って上体を上げ下げするというところにあると思いますが、シンメトリースクワットで使う筋肉は、腿の裏側からお尻の部分。それらの筋肉を使う意識を強く持てば、腿にかかる負担はありません。ヒップアップ&脚長は、この意識から生まれます。

Chapter 5

歩く、立つ、見る…骨盤のバランスを整えるちょっとした習慣

日常の動作では、関節や筋肉がほとんど意識することなく動き、使われています。身体がシンメトリーに近づくほど、生活そのものがエクササイズになるのです。歩く、立つ…といったもっとも基本的な動作を正しいものに変え、それを習慣にしてしまいましょう。その効果は絶大です。

日常生活から身体《からだ》の〝歪みグセ〟を撃退しよう!

小さな歪みのうちに習慣を変えよう

「エクササイズはきっちりマスターしたから、もうわたしの体は万全!」

残念ながら、ここで終了ではありません。エクササイズで歪みを正して脂肪を動かし、太りにくい体をつくる。美しいプロポーションだって実現してくれます。しかし、まったく歪まない体になったというわけではありません。

わたしたちは日常生活で、それと意識することなく歪みを抱えています。利き手によっても歪みは生じますし、歩き方、立ち方……などにも歪みの原因は潜んでいます。

こうした日々の歪みは、歪まないことを〝習慣〟にして日常から追い出しましょう。歪みは小さいうちに解消する。意識を〝向ける〟ことでそれは実現可能です。

「枕」と「イス」で歪み解消習慣を

日々の〝習慣〟にしてほしいことはたくさんあります。この章でご紹介する「骨盤ローリング」や「立ち方」。気づいたときに、段差のあるところで「ふくらはぎストレッチ」をするのもいいし、「おへそチェック」もおすすめです。

「大声を出す」というのも、ぜひ習慣にしてほしいことの1つです。大声を出すときはいったん力を入れて大声を出す。出したあとは体がリラックスして、力が抜けやすくなります。これがじつは、エクササイズをするときの筋肉の〝緊張（収縮）〟と〝リラックス（弛緩）〟の関係と似ているのです。しっかり体を曲げないと、しっかり伸びない。筋肉はそうした表裏一体の関係で動いています。エクササイズを始める前でも、どんなときでもかまいません。大声を出す習慣をつけましょう。ただし、近所迷惑にならないように〝枕〟に向かって。

デスクワークをしている人に特にすすめたいのは、イスの背もたれを使ったストレッチです。座ったままの姿勢はどうしても腰回りの筋肉を硬くしてしまいます。その影響は必ず背骨にもおよびます。そこで、イスの背もたれを利用して背骨を伸ばすことが有効です。両手を組んで、思い切り反り返れば、肩甲骨の動きもリラックスします。

こうした日々の〝意識的な習慣〟は、体を歪みにくくします。歪みの少ない体はそれだけ機能的で、やせやすい体ということでしたよね。

脚が細くなる！

歩く

骨盤ローリング

歩くだけで骨盤まわりの脂肪が落ちていく！

歩く前方に中心ラインを想定します。右脚を出したら、その中心線をまたいで左側に着地し、左側の脚を出したら、中心線をまたいで右側に着地する。これをくり返して歩くのが「骨盤ローリング」の歩き方です。ポイントは、内くるぶしを前方に向けて歩くイメージです。

上から見ると・・・

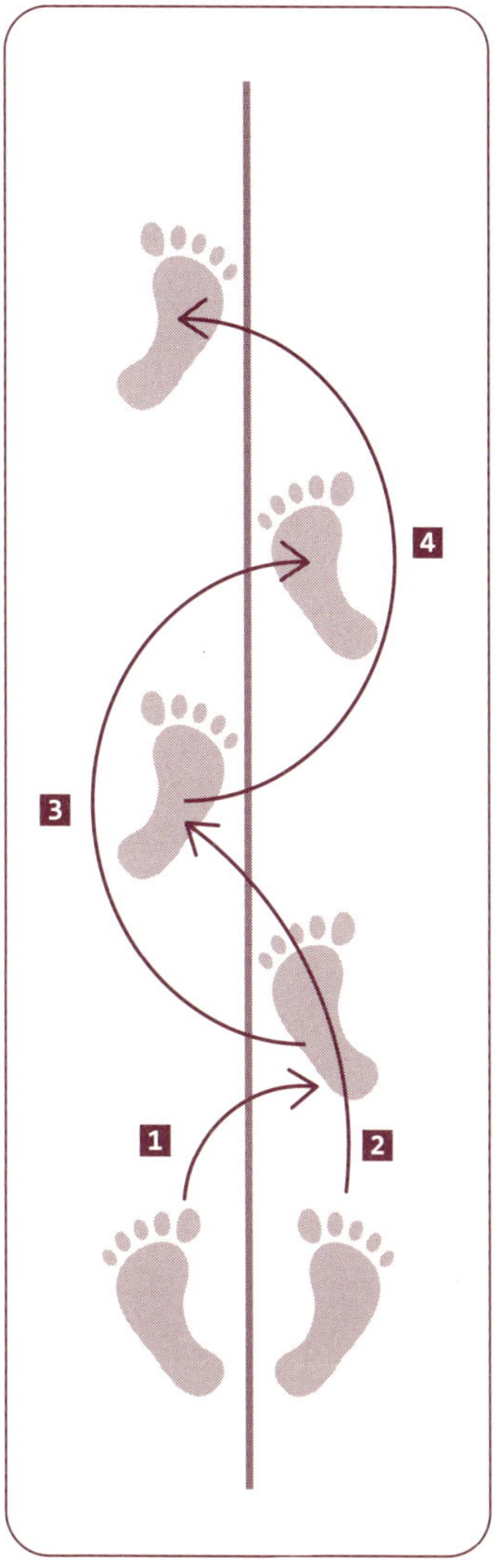

「ローリング」歩きで脂肪を取り除いてしまいましょう

おそらく、ほとんどの人は〝ローリング〟する歩き方はしていません。いわゆるモデル歩き、見せるための歩き方だと思っているからです。ところが、この歩き方には「骨盤が動く」動作が入っているため、歩くだけで腹筋を使うという、もっともうれしい利点があるのです。

脚を平行に運ぶ、あるいは外側に開いてしまうという歩く動作には、骨盤の動きがほとんど必要ありません。ということは腰回りの筋肉（腹斜筋）を使わないということ。脂肪がどっぷりとついてしまい、背骨の歪みを抱えたままの歩き方なのです。

いきなりは無理でも、エクササイズを習慣にすれば「ローリング」歩きは可能ですから、どんどんトライしていきましょう。

美しい立ち姿になる！

立つ シンメトリーな立ち方

筋肉に余計な力が入らないようイメージを大切に！

横から見ると・・・

前から見ると・・・

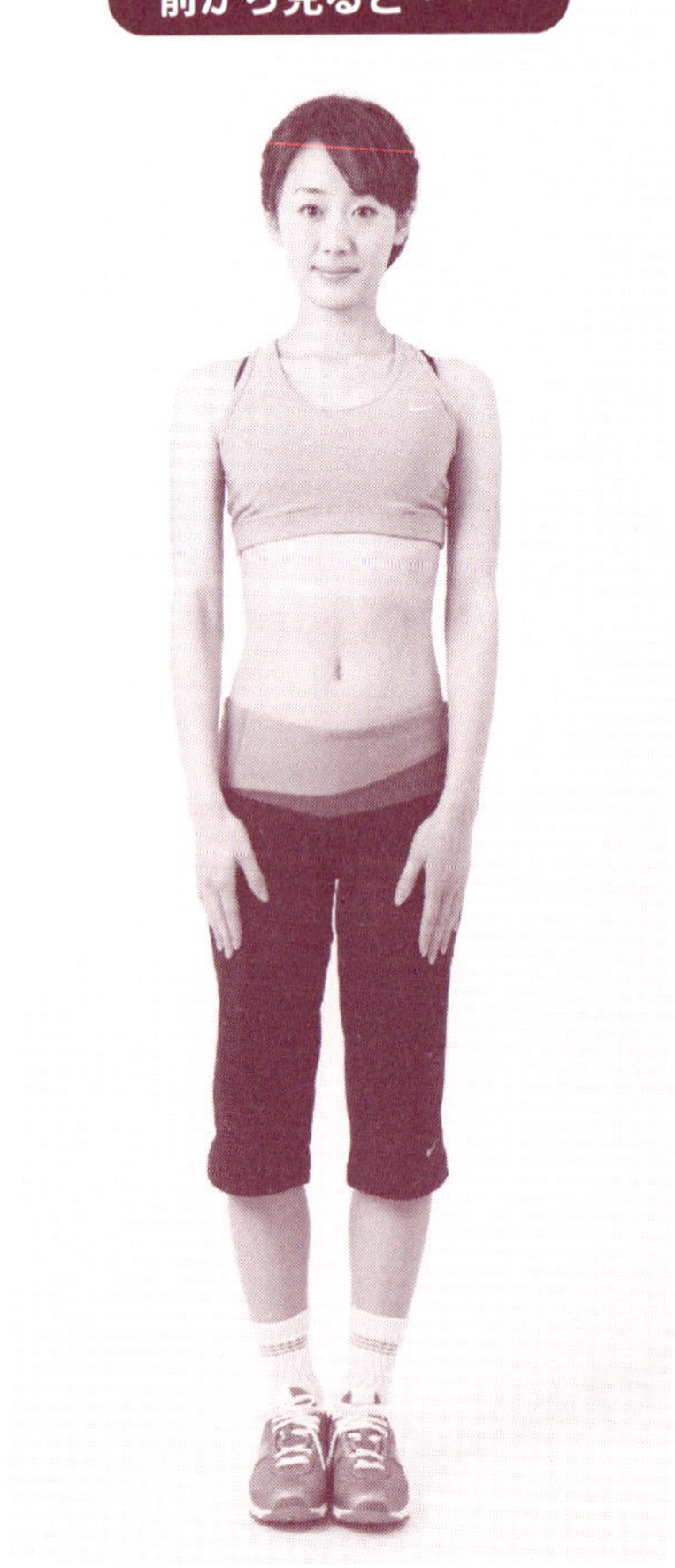

理想的な立ち方は“イメージ”でつくりましょう。体の前とうしろに壁があると思ってください。狭いその壁の間に自らの体を滑り込ませる。美しい立ち姿は、お尻や胸やあごに意識を集中しているだけではつくれません。

体の重心がニュートラルに“中心”にまとまる。これがシンメトリーな立ち方、美しい立ち方です。お尻を突き出したり、胸を張ったりしない。あごを引きすぎると背中のラインが丸まってしまい、美しい立ち姿にはなりません。

まっすぐ立つ練習

ひざがまっすぐになる！

ふくらはぎストレッチ

ひざをまっすぐに伸ばす感覚がつかめます

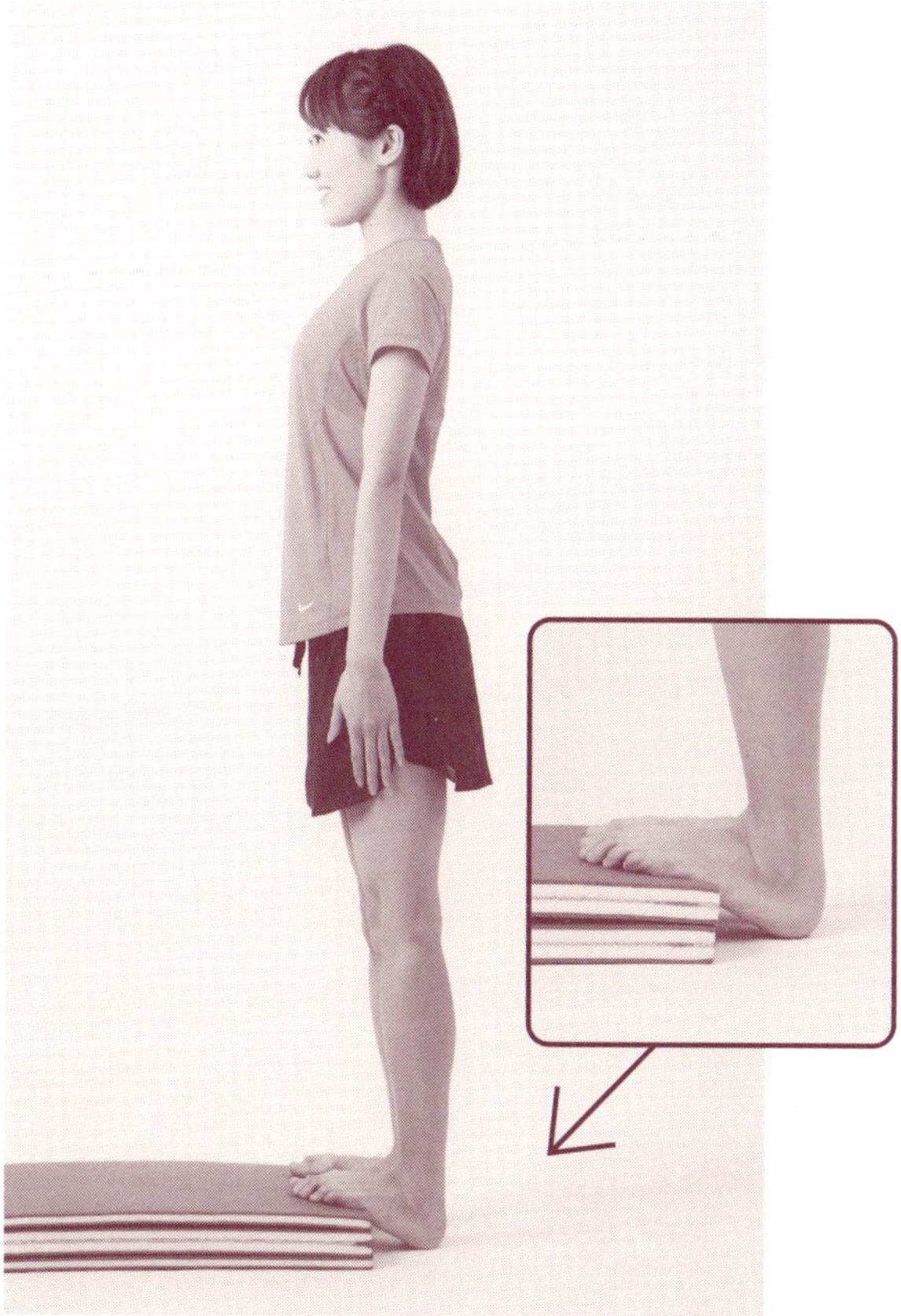

美しい立ち姿をつくるために一つだけ、意識してほしい箇所があります。それはひざ。まっすぐに伸ばすことで立ち姿は格段にスマートになります。ストレッチの方法は簡単。ふくらはぎの筋肉を伸ばしてください。踵を落としてお尻の穴に力を入れ、おなかを引っ込める。段差のあるところなら、いつでもどこでもできますから、このストレッチ、ぜひ習慣にしてください。

身体の歪みを１秒でチェック！

見る

おへそチェック

おへその形でいまの自分の身体の状態がわかる！

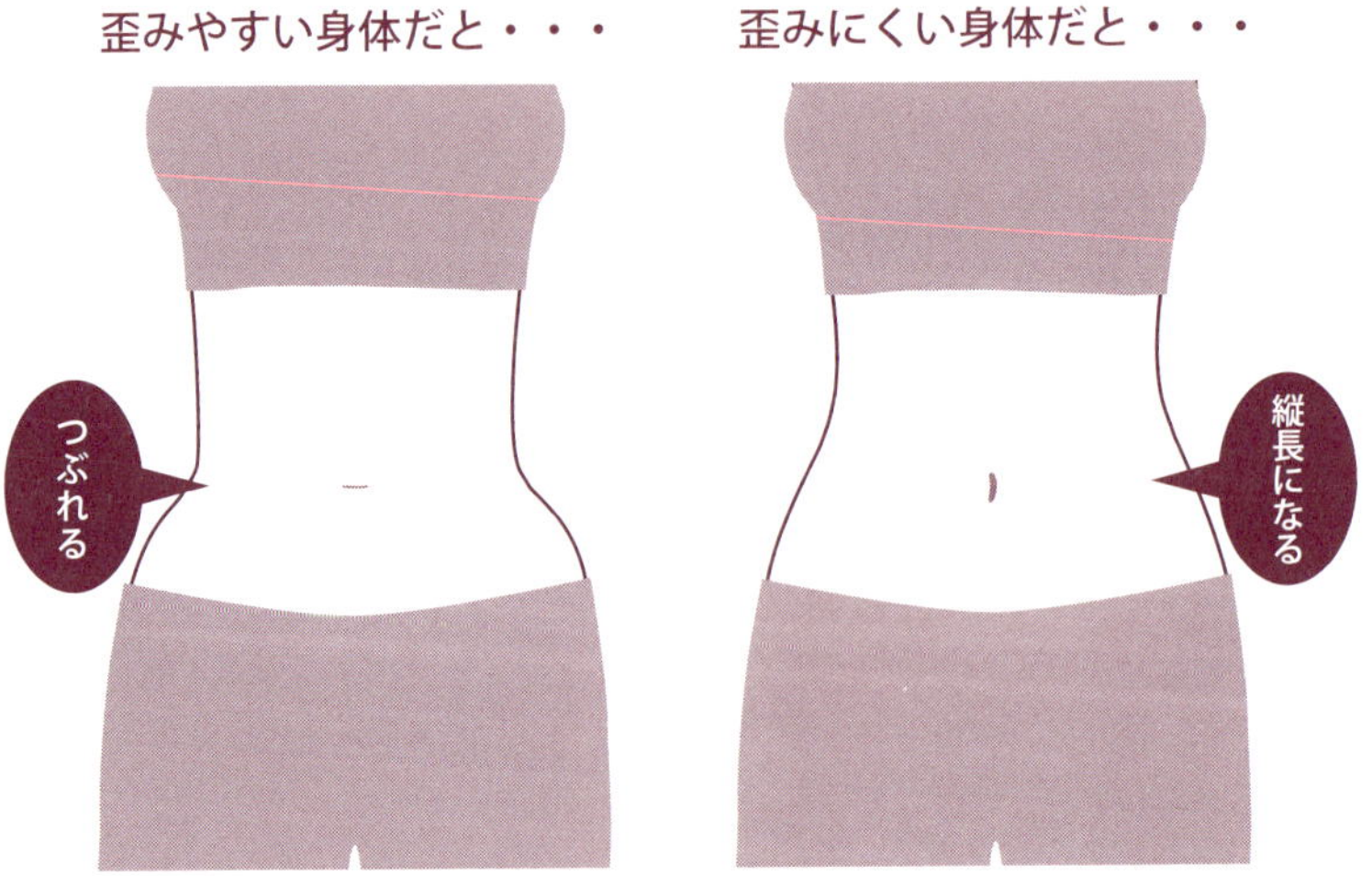

おへそが「立つ」形で シンメトリーをチェックしましょう

おへその〝カタチ〟は歪みにくい体かどうかのバロメーターです。「あれ？」と思ったら、歪みやすい体に戻りつつあるのだと、キッチリ意識しましょう。

その〝カタチ〟は、縦長か、横につぶれてしまっているか、で見ます。立った姿勢で力が抜けているとおへそは横につぶれ、背筋を伸ばした立ち姿勢だと、おへそは縦長になります。

おへそが縦長になる感覚、横につぶれてしまう感覚を、つねにインプットしておきましょう。そうすることによって、いま現在の自分の体がどういった状態にあるのかが判断できます。現在の〝横つぶれ〟をどうエクササイズしていけば、〝縦長〟にできるかがわかるのです。

おなかまわりに多少の脂肪がついていても、この判断は可能です。大切なのは、〝見る〟意識。習慣にすることで理想のスリムボディは確実に手に入れることができます。

付　録

目的別　あなたに合ったプログラムを紹介！

それぞれのエクササイズをどう組み合わせていくか？　最大限の効果をあげるためのポイントです。実践プログラムを紹介しましょう。まず、このプログラムにしたがって、エクササイズに取り組んでください。必ず、うれしい変化を実感できるはず。みるみるきれいになっていく身体が、さらにモチベーションを高めることになります。

いざ、実践！
モデル、アスリート…のような身体を手に入れる！

ポイントを押さえ、頭を使って取り組みましょう

実践プログラムでは、いくつかのエクササイズをセットにしておこないます。その際、押さえておくべきポイントはしっかり頭に入っていますか？　そう、同じメニューを続けないこと。同じメニューの繰り返しでは関節や筋肉が慣れてしまい、効果的に刺激を与えることができなくなるからです。

歪みがなくなり、身体が正しい動きを覚えてきたら、変化が実感できるはず。「あっ、ウエストがくびれてる！」「太ももがすっきりしてきた！」。チェックも心弾むものになります。でも、〝はやる〟気持ちを抑えるのも大切なポイントです。

３週目からは毎日やる必要はありません。いえ、やってはいけません。１日やったら、次の日は休みましょう。さらに４週目に入ったら、３日に一度のペースをきちんと守ってください。さぁ、Let's Try,Get your Beauty!

Week 1 「横座り」の違和感をなくそう！

Day					
Day 1	梨状筋 ストレッチ 〈P20〉	中殿筋 トレーニング 〈P22〉	深呼吸 〈P24〉		まずはゆっくり体のねじれをとろう！
Day 2	梨状筋 ストレッチ 〈P20〉	中殿筋 トレーニング 〈P22〉	骨盤クランチ1 ［ゴロ寝バージョン］ 〈P26〉		
Day 3	梨状筋 ストレッチ 〈P20〉	中殿筋 トレーニング 〈P22〉	骨盤クランチ2 ［ゴロ寝バージョン］ 〈P28〉		
Day 4	深呼吸 〈P24〉	骨盤クランチ1 ［ゴロ寝バージョン］ 〈P26〉	骨盤クランチ3 ［立ちバージョン］ 〈P30〉		「腹筋」を強化！ ウエストがくびれてる!?
Day 5	骨盤クランチ1 ［ゴロ寝バージョン］ 〈P26〉	骨盤クランチ2 ［ゴロ寝バージョン］ 〈P28〉	骨盤クランチ3 ［立ちバージョン］ 〈P30〉		
Day 6	梨状筋 ストレッチ 〈P20〉	中殿筋 トレーニング 〈P22〉	骨盤クランチ1 ［ゴロ寝バージョン］ 〈P26〉	骨盤クランチ3 ［立ちバージョン］ 〈P30〉	1週間の総まとめ
Day 7	梨状筋 ストレッチ 〈P20〉	中殿筋 トレーニング 〈P22〉	骨盤クランチ2 ［ゴロ寝バージョン］ 〈P28〉	骨盤クランチ3 ［立ちバージョン］ 〈P30〉	

Week 2　シンメトリースクワットにTry！

Day					
1	梨状筋ストレッチ〈P20〉	中殿筋トレーニング〈P22〉	骨盤クランチ3［立ちバージョン］〈P30〉	背骨ストレッチ〈P74〉	椅子スクワット〈P76〉
2	骨盤クランチ1［ゴロ寝バージョン］〈P26〉	骨盤クランチ2［ゴロ寝バージョン］〈P28〉	骨盤クランチ3［立ちバージョン］〈P30〉	背骨ストレッチ〈P74〉	椅子スクワット〈P76〉
3	梨状筋ストレッチ〈P20〉	中殿筋トレーニング〈P22〉	骨盤クランチ3［立ちバージョン］〈P30〉	背骨ストレッチ〈P74〉	椅子スクワット〈P76〉
4	骨盤クランチ1［ゴロ寝バージョン］〈P26〉	骨盤クランチ2［ゴロ寝バージョン］〈P28〉	骨盤クランチ3［立ちバージョン］〈P30〉	背骨ストレッチ〈P74〉	キャットバック〈P75〉
5	背骨ストレッチ〈P74〉	キャットバック〈P75〉	椅子スクワット〈P76〉	シンメトリースクワット〈P70〉	
6	背骨ストレッチ〈P74〉	キャットバック〈P75〉	椅子スクワット〈P76〉	シンメトリースクワット〈P70〉	
7	背骨ストレッチ〈P74〉	キャットバック〈P75〉	椅子スクワット〈P76〉	シンメトリースクワット〈P70〉	

背骨をしっかり動かしましょう！　ウエストがくびれてきた！

シンメトリースクワットにTry！

ウエスト・太もも・二の腕…シェイプアップ！

バストアップも！

Week 3　毎日やってはいけません！

Day 1　梨 ▶ 中 ▶ 1 ▶ ス

Day 2　お休み

Day 3　1 ▶ 2 ▶ 3 ▶ ス

Day 4　お休み

Day 5　3 ▶ 背 ▶ キ ▶ ス

Day 6　お休み

Day 7　梨 ▶ 中 ▶ 1 ▶ ス

Week 4～　3日に1回でよいのです！

Day 1　梨 ▶ 中 ▶ 1 ▶ ス

Day 2　お休み

Day 3　お休み

Day 4　1 ▶ 2 ▶ 3 ▶ ス

Day 5　お休み

Day 6　お休み

Day 7　3 ▶ 背 ▶ キ ▶ ス

Day 8　お休み

Day 9　お休み

Day 10　梨 ▶ 中 ▶ 1 ▶ ス

梨	梨状筋ストレッチ
中	中殿筋トレーニング
1	骨盤クランチ1［ゴロ寝バージョン］
2	骨盤クランチ2［ゴロ寝バージョン］
3	骨盤クランチ3［立ちバージョン］
背	背骨ストレッチ
キ	キャットバック
ス	シンメトリースクワット

特別な日までに絶対ヤセる!

10日間 スペシャルメニュー

基礎を作る!

Day 1

梨状筋ストレッチ
↓
中殿筋トレーニング
↓
深呼吸
↓
骨盤クランチ3
↓
背骨ストレッチ
↓
キャットバック

Day 2

梨状筋ストレッチ
↓
深呼吸
↓
骨盤クランチ1
↓
骨盤クランチ2
↓
骨盤クランチ3×2

Day 3

梨状筋ストレッチ
↓
中殿筋トレーニング
↓
深呼吸
↓
骨盤クランチ3
↓
背骨ストレッチ
↓
キャットバック
↓
椅子スクワット

Day 4

骨盤クランチ2×2
↓
骨盤クランチ3
↓
背骨ストレッチ
↓
キャットバック
↓
椅子スクワット
↓
骨盤クランチ3

Day 5

骨盤クランチ3 ×2
↓
背骨ストレッチ
↓
キャットバック
↓
椅子スクワット
↓
シンメトリースクワット

シンメトリースクワットにTry!

特別な日。それはあなた自身の結婚式だったり、友人の結婚パーティへの出席だったり。もしかしたら婚活の場面だったり。どんな日でも思いは一つのはず。キレイに輝いていたい！　そんな特別の日のためのスペシャルメニューがこれ。たった10日間でもキレイな身体のラインづくりは可能です。楽しんで、キレイになってくださいね。

「腹筋」強化！

Day 6

骨盤クランチ1
▼
骨盤クランチ2
▼
骨盤クランチ3
▼
椅子スクワット
▼
シンメトリースクワット

Day 7

骨盤クランチ1
▼
骨盤クランチ2
▼
骨盤クランチ3
▼
椅子スクワット
▼
シンメトリースクワット

Day 8

骨盤クランチ1
▼
骨盤クランチ2
▼
骨盤クランチ3
▼
椅子スクワット
▼
シンメトリースクワット

総仕上げ！

Day 9

梨状筋ストレッチ
▼
中殿筋トレーニング
▼
深呼吸
▼
骨盤クランチ1
▼
骨盤クランチ2
▼
骨盤クランチ3
▼
シンメトリースクワット

Day 10

梨状筋ストレッチ
▼
中殿筋トレーニング
▼
深呼吸
▼
骨盤クランチ1
▼
骨盤クランチ2
▼
骨盤クランチ3
▼
シンメトリースクワット

大切な日、ステキなあなたがそこにいます！

おわりに

『たった5回！「骨盤クランチ《腹筋》」で下半身からヤセる！～シンメトリーエクササイズの驚くべき秘密～』を最後までお読みいただき、ありがとうございました。

　エクササイズがうまくできない……という方もいらっしゃるかもしれません。でも、できなくてもいいのです。できるようにしようと思って身体を動かすだけで、確実に変わっているのです。これは、「神経」が発達したため。何もしていなかったあなたの身体は「未開発」だったのです。いろいろなエクササイズを用い、筋肉を使い始めたことで、徐々に「開発」されていきます。シンメトリーエクササイズの基本は「立って行うこと」。これは、筋肉を総動員しなくてはいけません。そこがポイント。だから「未開発」地域が知らず知らずのうちに「開発」されていくのです。もうあなたは最初の一歩を踏み出しました。あなたとともに歩めることを、私はこの上ない幸福と感じます。あなたの欲しかったモノは、もう、すぐそこにあります。

最後に、私に「挑戦」の場を常に与えてくださった（医）理光会理事長・伊藤邦成先生、「経験」の場を与えてくださった日本体育大学・松井幸嗣教授、「自信」を与えてくださった（株）マヨン・ふなはし博美社長、そして出版という「夢」を与えてくださった（株）NoMakeの皆様、そして「ながい接骨院」のスタッフとクライアントの皆様。本当にありがとうございました。この場をお借りし、厚く御礼申し上げます。

平成22年2月　永井正之

ながい接骨院
TEL…03-5725-8108
住所…〒153-0042　東京都目黒区青葉台 1-30-11 土屋ビル 10F
URL…http://www.nagai-bsc.com/（シンメトリーエクササイズ動画配信中）

著者紹介

永井正之（ながい まさゆき）

ながい接骨院 院長。柔道整復師。日本体育協会公認アスレティックトレーナー。JOCオリンピック強化スタッフ（医科学）。日本代表U-24ハンドボールチーム・日本体育大学ハンドボール部トレーナー。トップアスリートの指導をベースにした、誰でもどこでも手軽にできるSymmetry Exercise（シンメトリーエクササイズ）を考案。プロダンサー、バレエダンサー、トップモデルなど、数多くの著名人のパーソナルトレーニング及びトリートメントも行っている。

著者エージェント　アップルシード・エージェンシー（http://www.appleseed.co.jp）

STAFF

撮影・ヘアメイク　中牟田節子（ノーメイク）
モデル　村田友紀（ノーメイク）
編集・構成　水沼昌子（コアワークス）
本文イラスト　中川原透
取材協力　伊藤美穂（M-style）
デザイン　Keisyo 事務所
森田幸子
衣裳協力　ナイキジャパン（靴下を除く）

たった5回《かい》！
「骨盤《こつばん》クランチ《腹筋》」で下半身《かはんしん》からヤセる！

2010年3月10日　第1刷
2012年4月5日　第8刷

著　者　永《なが》井《い》正《まさ》之《ゆき》

発行者　小澤源太郎

責任編集　株式会社 プライム涌光

電話　編集部　03(3203)2850

発行所　株式会社 青春出版社

東京都新宿区若松町12番1号〒162-0056
振替番号　00190-7-98602
電話　営業部　03(3207)1916

印　刷　大日本印刷　製　本　フォーネット社

万一、落丁、乱丁がありました節は、お取りかえします。
ISBN978-4-413-10967-3 C0077